베트남인을 위한

비즈니스 한국어 초급활용

베트남인을 위한

비즈니스 한국어 초급활용

| 김재욱 · 진정란 · 안정민 · 정회란 |

HU:iNE

BUSINESS KOREAN

Published in Republic of Korea by HUINE, an imprint of Hankuk University of Foreign Studies University Knowledge Press, Seoul.

http://press.hufs.ac.kr

머리말

한국 기업의 해외 진출이 확대되고 한국 상품에 대한 세계인들의 관심이 점점 높아지고 있다. 이에 따라 해외에 진출한 한국 기업과 한국어 학습자들의 비즈니스 한국어에 대한 요구도 증가하고 한국어 학습자들을 대상으로 하는 비즈니스 한국어 교재에 대한 필요성이 대두되고 있다. 이러한 해외 비즈니스 현장에서의 요구를 반영하여 한국어 교육에 대한 전문적인 이론과 경험을 갖춘 한국외국어대학교 및 사이버한국외국어대학교의 한국어 교육 전공 교수와 선생님들이 뜻을 모아 '베트남인을 위한 비즈니스 한국어'를 출판하였다.

특히 이번에 집필한 '베트남인을 위한 비즈니스 한국어'는 한국과 비즈니스 측면에서 매우 밀접한 관계에 있는 베트남에서 공부하는 한국어 학습자들을 대상으로 한 것으로, 현재 베트남에서 근무하고 있는 기업의 근로자들이 한국어를 습득하여 비즈니스 환경에서 한국어를 구사하기 위한 목적으로 개발되었다. 베트남에 진출한 한국 기업의 현장에서 한국어로 의사소통해야 하는 상황이 증가함에 따라 비즈니스 한국어에 대한 관심도 높아지고 있어 이를 위한 단계별 한국어 교재를 집필하게 된 것은 매우 의미 있는 일이라고 할 수 있다.

'베트남인을 위한 비즈니스 한국어'는 베트남 비즈니스 학습자를 위한 한국어 교재로, 주 교재와 활용 교재로 구분된다. 주 교재와 활용 교재는 각 과마다 같은 주제의 내용으로 구성되어 있으며, 두 교재를 함께 학습한다면 학습 목표를 이루는 데에 큰 효과를 거둘 수 있을 것이다.

주 교재에서는 어휘와 문형, 대화 등의 집중 학습을 통해 한국어의 입력에 중점을 두었다. 이를 위해 다양한 비즈니스 특징을 살린 어휘와 문형을 배열하여 기업 현장에서 활용할 수 있는 실제적인 내용들로 구성하였다. 활용 교재에서는 주 교재에서 습득한 어휘와 문형을 활용하여 비즈니스 현장에서의 말하기, 듣기, 읽기, 쓰기를 학습할 수 있도록 구성하였으며 한국어 능력에 따라 필요한 여러 가지 유형의 비즈니스 의사소통 기능을 집중적으로 향상시키는 것에 초점을 맞추어 개발하였다.

또 '베트남인을 위한 비즈니스 한국어'의 대화는 그 속에 등장하는 각 인물들이 한국 기업에 입사해서 생활하는 스토리로 이루어져 있어 비즈니스 한국어 학습자의 학습 동기 유발을 위한 흥미 요소로서의 작용뿐만 아니라 실제 한국 회사 생활에 적응하는 데에도 도움이 될 수 있어 비즈니스 한국어 교육 현장에서 높은 활용도를 보일 것으로 기대한다.

끝으로 많은 수고와 노력을 기울여 완성도 높은 교재를 개발한 사이버한국외국어대학교 한국어학부 진정란 교수님, 박기선 교수님, 노채환 교수님, 한국외국어대학교 KFL대학원 안정민 교수님, 송은정 선생님, 정회란 선생님에게 고마움을 전한다. 그리고 이 교재가 출판되기까지 여러모로 애써주신 한국외국어대학교 지식출판콘텐츠원 관계자 분들과 여러 분들에게도 다시 한번 깊은 감사를 드린다.

한국외국어대학교 KFL대학원장

김재욱

일러두기

'베트남인을 위한 비즈니스 한국어'는 베트남에 진출한 한국 기업에서 근무하거나 근무하고자 하는 한국어 학습자의 비즈니스 한국어 의사소통 능력 신장을 위한 실제적인 교재로 개발되었습니다.

집필 방향

- 본 교재는 비즈니스 한국어 '입문', '초급', '중급' 단계로 개발되었으며, 각 단계별 교재는 주 교재와 활용 교재 두 권으로 분리하였습니다.

- 주 교재는 정확성 향상을 위한 한국어 어휘 및 문법 등 한국어 지식에 대한 학습이 주를 이루며 비즈니스 현장의 상황으로 이루어진 대화문을 통해 내용, 주요 표현·발음 등을 이해하는 데에 초점을 맞추어 집필하였습니다.

- 활용 교재는 주 교재에서 배운 내용을 바탕으로 실제 비즈니스 한국어 환경에서 활용할 수 있는 사용 단계로, 비즈니스 현장에서 요구되는 말하기, 듣기, 읽기, 쓰기의 능력을 고루 향상시킬 수 있도록 집필되었습니다.

- 주 교재의 문법 및 표현의 선정과 배열 등은 '국제 통용 한국어교육 표준 모형'과 '한국어능력시험(TOPIK)'을 참고하여 일반 목적 한국어 교육의 기본적인 숙달도 단계를 존중하고 있습니다. 그러나 비즈니스 현장에서의 요구를 반영하는 것을 우선으로 하여 집필하였으므로 주제, 어휘, 문법, 기능, 상황 등의 선정 및 배열에서 일반 목적 한국어 교육과 차이를 보입니다.

- 주 교재에서는 생산직 근로자 또는 사무직 근로자가 한국인과 함께 근무하면서 근로 현장에서 접할 수 있는 상황과 표현을 중심으로 개발하였으며, 공적인 담화와 사적인 담화를 모두 포함시켜 구성하였습니다.

- 주 교재는 한국어의 정확성과 유창성을 향상시키기 위해 한국어 어휘, 문법, 발음과 관련된 한국어 지식과 함께 말하기, 듣기, 쓰기, 읽기 등 실질적인 연습 및 활용을 위한 과제를 모두 포함시켰습니다.

교재 내용 구성

- 본 교재는 '베트남인을 위한 비즈니스 한국어 입문'과 '베트남인을 위한 비즈니스 한국어 초급', '베트남인을 위한 비즈니스 한국어 중급'으로 구성되어 있으며, 각 단계는 25개의 과로 이루어져 있습니다.

- 주 교재와 활용 교재의 1개 과는 기본적으로 4시간의 수업 내용들로 구성하여 1개 과를 모두 학습하는 데에 8시간이 소요됩니다. 물론 학습 현장 상황에 따라 수업 시간의 조절이 가능하며, 학습자의 학습 진도에 따라 수업 시간을 유연하게 적용할 수 있습니다.

- '베트남인을 위한 비즈니스 한국어 입문'의 주 교재는 1과부터 5과까지는 한글 자모에 대한 학습으로 이루어져 있고, 활용 교재는 한글편 단원이 없이 6과부터 시작합니다.

- 주 교재의 첫 페이지는 학습목표와 삽화, 질문으로 구성되어 있습니다. 삽화를 통해 해당 상황에 대한 이야기를 나누면서 학습자에게 해당 과의 주제와 어휘를 노출할 수 있으며 배경 지식을 형성할 수 있습니다. '어휘'는 비즈니스 상황에 어울리는 주제에 맞추어 한국어 어휘장과 그에 따른 예문이 제시되고 있고, 연습도 함께 구성되어 있습니다. '문법'은 한국어 문법의 의미와 예문, 형태, 주의점 등이 베트남어와 한국어로 함께 제시되어 있으며 해당 문법에 대한 연습 문제도 구성되어 있습니다. '대화'는 해당 과의 주제에 맞는 자연스러운 한국어 대화로 이루어져 있으며 해당 과에서 학습한 문법과 어휘가 포함되어 있습니다.

- 활용 교재 '입문'과 '초급' 단계의 '듣고 말하기'는 주 교재의 대화문과 동일한 내용으로 구성되어 있는데, 이는 기본 대화문을 활용하여 다양한 소재와 내용으로 말하기를 확장 연습하는 단계입니다. 대화문의 주요 표현을 다양한 내용으로 교체하여 연습하고 질문에 대답함으로써 유의미한 말하기 연습을 진행할 수 있습니다. 또한 들은 내용을 이해하고 직접 받아써 봄으로써 한국어 의사소통 능력을 고루 신장할 수 있습니다. 더불어 듣기와 말하기 과제가 추가되어 실제적인 의사소통 상황에 대한 연습이 가능합니다. '읽고 말하기'는 읽기 담화와 연결된 말하기 연습으로 구성되어 있으며 '읽고 쓰기'는 읽기 담화와 연결된 쓰기 연습으로 구성되어 기능별 통합 교재로서의 특징을 보이고 있습니다.

- 활용 교재 '중급' 단계의 '말하기'는 '입문'과 '초급' 단계의 '듣고 말하기'와 같이 주 교재의 대화문과 동일한 내용으로 구성되어 있는데, 중급 대화문에 나온 주요 표현들을 활용하여 문장을 생성해 보고 주제와 관련된 이야기를 나눌 수 있습니다. '듣고 말하기'는 해당 과의 주제 또는 기능과 관련된 듣기 활동으로 구성되어 있습니다. '읽고 쓰기'는 비즈니스 현장에서 쓰이는 실용 텍스트뿐만 아니라 회사 생활을 통해 경험할 수 있는 내용이 담긴 다양한 읽기 텍스트와 이를 확장한 쓰기 활동으로 구성되어 있습니다.

베트남인을 위한
비즈니스
한국어 초급활용

목차

초급활용 교재구성표

단원	제목
1과	오늘부로 영업팀으로 발령을 받았습니다
2과	일이 많아서 업무를 빨리 익혀야 돼요
3과	전산팀에 연락해 보세요
4과	혼자 처리하면 안 돼요
5과	홍보팀에 가서 말해 줄게요
6과	영업 실적을 보면서 계산을 하고 있는데요
7과	어제 퇴근하려고 할 때 급한 연락이 왔습니다
8과	한번 생각해 볼게요
9과	유니폼으로 빨간색이 좋겠어요
10과	비가 많이 오고 바람도 심하게 불어요
11과	무이네에 가기로 했어요
12과	기분이 좋아 보여요
13과	감기에 걸려서 콧물이 나요
14과	일찍 들어가는 게 어때요?
15과	사막이 무척 아름답더라고요

듣고 말하기	읽고 말하기	읽고 쓰기
새로 발령받은 부서에서 인사하기	인사이동 공지문 읽고 말하기	동료를 소개하는 글 읽고 쓰기
인수인계 듣고 말하기		이메일 읽고 쓰기
문제가 발생했을 때 묻고 말하기	출장 보고서 읽고 이야기하기	모임 공지문 읽고 쓰기
실수 듣고 말하기	회사 규칙 읽고 말하기	구매 품의서 읽고 쓰기
사내 인터뷰에 대해 묻고 말하기	사보 인터뷰 읽고 말하기	사보 뉴스 읽고 쓰기
도움을 요청하기	영업 실적 보고서 읽고 말하기	영업 실적 보고문 읽고 쓰기
보안 규정 듣고 말하기	회사 규정 읽고 말하기	사유서 읽고 쓰기
사내 행사 듣고 말하기	동호회 안내문 읽고 말하기	송년회 안내문 읽기, 동호회 홍보문 쓰기
행사 준비 듣고 말하기	사내 복장 읽고 말하기	쇼핑 방법 읽고 쓰기
날씨 듣고 말하기	고향의 변화 읽고 말하기	날씨와 옷차림에 대한 글 읽고 쓰기
휴가 계획 듣고 말하기	관광지에 대해 읽고 말하기	주거지의 장단점 읽고 쓰기
여행 준비 듣고 말하기	한국 문화에 대한 설문조사 읽고 말하기	여행에 대해 읽고 쓰기
병의 증상 듣고 말하기	예방 접종 안내문 읽고 말하기	병원 안내 읽고 쓰기
조퇴에 대해 듣고 말하기	약 봉투 읽기, 고민 듣고 조언 말하기	휴가 신청서 읽고 쓰기
휴가 경험 듣고 말하기	타문화 경험 읽고 말하기	기행문 읽고 쓰기

단원	제목
16과	이 표를 어떻게 쓰는지 잘 모르겠어요
17과	안전 장갑을 껴야 하잖아요
18과	화재가 나지 않도록 미리 조심해야겠어요
19과	지금 자리에 안 계십니다
20과	이따가 다시 전화한다고 전해 주세요
21과	내일까지 보고서를 제출하라고 하셨어요
22과	밥 한번 먹자고 했어요
23과	마감일이 오늘인 줄 알았습니다
24과	사랑을 받으려면 내가 먼저 표현해야 하는 것 같습니다
25과	회사에서 일한 지 이 년이 되었어요

듣고 말하기	읽고 말하기	읽고 쓰기
조언 말하기	고민과 조언 경험에 대해 읽고 말하기	회의록 읽고 쓰기
안전 수칙에 대해 듣고 말하기	위험 상황에 대해 읽고 말하기	안전 수칙에 대해 읽고 쓰기
화재 대피 훈련에 대해 듣고 말하기	사고 대처 방법 읽고 말하기	안전 사고 예방법 읽고 쓰기
전화 통화하기	전화 상황 읽고 말하기	한국어로 전화한 경험 읽고 쓰기
전화 내용 듣고 전달하기	메모 읽기, 다른 사람의 말을 전달하기	전화 메모 읽고 쓰기
부재중 통화 내용 전달하기	전화 예절에 대한 글 읽고 말하기	전화 업무에 관한 글 읽고 쓰기
한국인이 자주 하는 말에 대해 이야기하기	나라 간 음주 문화에 대한 글 읽고 말하기	나라 간 회사 문화의 차이 읽고 쓰기
실수에 대해 사과하기	실수에 대처하는 방법 읽고 말하기	시말서 읽고 쓰기
사내 방송 듣고 말하기	방송 출연자 모집 공고 읽고 말하기	방송 출연 신청 글 읽고 쓰기
한 해를 마무리하는 대화 듣고 말하기	오랫동안 한 일에 대한 글 읽고 말하기	연하장 읽고 쓰기

01 오늘부로 영업팀으로 발령을 받았습니다

학습 목표

- 자기소개를 할 때 사용하는 문법과 어휘를 사용할 수 있다.
- 회사 사람들 앞에서 자기소개를 할 수 있다.

어휘: 인사, 인사이동

문법: -고[1], -은 / 는 / 을

듣고 말하기

김 부장: 여러분, 오늘 우리 부서로 전근 온 투안 씨를 소개합니다.

투 안: 안녕하십니까? 오늘부로 영업팀으로 발령을 받은 투안이라고 합니다.

김 부장: 자, 투안 씨가 일할 자리는 저기예요.

투 안: 네, 감사합니다. 앞으로 잘 부탁드립니다.

김 부장: 우리 부서에 일 잘하고 좋은 사람이 많아요. 배울 게 많을 거예요. 여러분들이 많이 도와주세요.

투 안: 감사합니다. 앞으로 잘 부탁드립니다.

- 전근
- 발령을 받다
- 자리
- 오늘부
- (이)라고 하다
- 전근 온[전그논]
- 배울 것[배울껃]

1. 말해 보세요.

[보기] 투안 / 김 부장

영업팀으로 발령을 받다 / 일 잘하고 좋은 사람

(1) 홍보팀에서 일을 시작하다 멋있고 친절하다

(2) 여러분과 함께 일하다 컴퓨터를 잘하고 문서를 잘 작성하다

2. 처음 소개할 때 무슨 이야기를 합니까? 어떻게 말합니까? 이야기해 보세요.

3. 다음을 듣고 들은 내용과 같으면 O, 다르면 X 하세요.

(1) 투안 씨는 오늘 영업팀으로 전근을 왔습니다. (○ , ×)

(2) 투안 씨는 부서 사람들에게 일을 가르칩니다. (○ , ×)

4. 다음을 듣고 빈칸에 들어갈 말을 쓰세요.

(1) 김 부장: 여러분, 오늘 우리 부서로 ________ 투안 씨를 소개합니다.

투안: 안녕하십니까? 오늘부로 영업팀으로 ________? 투안이라고 합니다.

(2) 김 부장: 자, 투안 씨가 ________ 자리는 저기예요.

투안: 네, 감사합니다. 앞으로 ________.

(3) 김 부장: 우리 부서에 ________ 좋은 사람이 많아요. ________ 많을 거예요. 여러분들이 많이 도와주세요.

투안: 감사합니다. ________ 잘 부탁드립니다.

5. 다음을 듣고 이어지는 말을 고르세요.

(1) (답:)

① 감사합니다.
② 앞으로 잘 부탁드립니다.
③ 제가 일할 자리는 어디입니까?
④ 안녕하십니까? 투안이라고 합니다.

(2) (답:)

① 투안이라고 합니다.
② 앞으로 잘 부탁드립니다.
③ 회사 사람들이 친절합니다.
④ 일을 잘 하는 사람들이 많습니다.

6. 다음을 듣고 메모하세요.

이름	투안	유미
근무 팀	총무팀	영업팀
어떤 사람이 많습니까?	일을 열심히 하는 사람	

7. 여러분이 일하는 곳의 동료들은 어떤 사람이 많습니까?
어떤 성격을 가지고 있습니까? [보기]와 같이 이야기해 보세요.

[보기] 저는 생산팀에서 일해요. 생산팀에 친절하고 착한 사람이 많아요. 제 동료 서진수 씨는 책임감이 있고 부지런한 사람이에요. 그리고 짱 씨는 조용하지만 동료들에게 친절해요. 좋은 사람들이 많아서 우리 팀에서 일하는 것이 즐겁습니다

	생산팀	내가 일하는 곳	동료가 일하는 곳
동료 1	서진수: 책임감이 있다, 부지런하다		
동료 2	짱: 조용하다, 동료들에게 친절하다		

읽고 말하기

1. 다음을 읽고 질문에 답하세요.

인사이동 공지문

문서 번호: ㈜KEV 2019-1198
공지 내용: 직책 변경
시행 일자: 2020.01.01.

2020년 1월 1일부로 아래와 같이 인사 승진자를 공지함.

-아 래-

부서명	성명	직책		공지일자
		변경 전	변경 후	
총무팀	프엉	사원	대리	2020.01.01.
구매팀	김태수	대리	과장	2020.01.01.

(1) 무슨 공지입니까? (답:)

① 신규 채용
② 승진 공지
③ 부서 이동
④ 면접 공지

(2) 공지문의 내용과 같은 것은 무엇입니까? (답:)

① 프엉은 구매팀에서 근무했습니다.
② 프엉은 2020년부터 대리로 근무합니다.
③ 프엉와 김태수는 같은 팀에서 일합니다.
④ 김태수는 2019년에 직급이 바뀌었습니다

2. 여러분은 무슨 부서에서 일을 해 보고 싶습니까? 왜 거기에서 일하고 싶습니까? 그 부서에서 일할 때 무엇을 잘하면 좋습니까? [보기]와 같이 이야기해 보세요.

[보기]

가: 저는 총무팀에서 일해 보고 싶어요.

나: 왜요?

가: 총무팀에 재미있는 사람이 많아요.

나: 그래요? 총무팀에서 일할 때 무엇을 잘하면 좋아요?

가: 계산을 많이 해요. 그래서 숫자를 잘 읽고 실수를 안 하면 좋아요.

부서	이유	필요한 능력
총무팀	재미있는 사람이 많아서	계산을 잘해요. 계산 실수를 안 해요.

읽고 쓰기

1. 다음을 읽고 질문에 답하세요.

프엉

프엉 씨는 총무팀에서 일하는 동료입니다.
프엉 씨는 친절하고 잘 웃습니다.
프엉 씨는 일을 아주 잘합니다.
그래서 회사 사람들이 모두 프엉 씨를 좋아하고 자주 프엉 씨의 칭찬을 합니다.
프엉 씨는 한국 노래를 좋아합니다. 그래서 한국 노래를 자주 듣고 저한테도 가르쳐 줍니다.

(1) 프엉은 어디에서 일합니까?

(2) 프엉은 무엇을 좋아합니까?

(3) 회사 사람들은 프엉을 어떻게 생각합니까?

(4) 여러분의 동료는 무엇을 좋아하고 잘합니까? 말해 보세요.

2. 동료를 소개하는 글을 써 보세요.

제 동료 ______ 씨는 ______ 팀에서 일합니다.

총무팀, 영업팀, 인사팀,구매팀, 연구개발팀

______ 씨는 ______ 고 ______ .

친절하다, 잘 웃다, 조용하다, 부지런하다, 친구가 많다, 책임감이 강하다

그리고 ______ .

일을 잘하다, 컴퓨터를 잘하다, 문서 작성을 잘하다, 실수를 안 하다

그래서 회사 사람들이 모두 ______ 씨를 ______ .

자주 칭찬을 하다, 많이 이야기하다, 약속을 많이 잡다

______ 씨는 ______ 을/를 좋아합니다. 그래서 ______ 저한테도 가르쳐 줍니다 .

요리, 운동, 영어

새 어휘

홍보팀	근무하다	변경
문서	공지문	시행
작성하다	직책	직급

02 일이 많아서 업무를 빨리 익혀야 돼요

학습 목표

- 지시 사항을 이해하고 표현할 수 있다.
- 이메일을 읽고 내용을 알 수 있다.

어휘: 인수인계, 이메일

문법: -(으)면, -어야/아야 되다

듣고 말하기

김 부장: 업무 인수인계는 정세아 대리가 해 줄 거예요.

투 안: 네, 알겠습니다. 감사합니다.

- 잠시 후 -

정세아: 인수인계 파일을 이메일로 보냈어요. 이해가 안되면 바로 물어보세요.

투 안: 네, 감사합니다. 살펴보고 모르는 것이 있으면 말씀드리겠습니다.

정세아: 영업팀은 일이 많아서 업무를 빨리 익혀야 돼요. 열심히 하세요.

투 안: 네. 최대한 빨리 업무를 파악하겠습니다.

업무	이해가 되다/안 되다	익히다	업무[엄무]
인수인계	바로	최대한	인수인계 [인수인계/인수인게]
파일	살펴보다	파악하다	

1. 말해 보세요.

[보기]	투안	정세아 대리
	모르는 것이 있다, 말씀드리다	일이 많다, 업무를 빨리 익히다

(1) 문서 작성을 마치다, 보고(를) 드리다 — 계산 실수를 하면 안 되다, 여러 번 확인하다

(2) 연락할 내용이 있다, 메일을 보내다 — 팀으로 일을 하다, 서로 이야기를 많이 하다

2. 처음 소개할 때 무슨 이야기를 합니까? 어떻게 말합니까? 이야기해 보세요.

3. 다음을 듣고 들은 내용과 같으면 O, 다르면 X 하세요.

(1) 정세아 대리가 투안에게 메일을 보냈습니다. (○ , ×)

(2) 투안은 영업팀 일을 배워서 잘 알고 있습니다. (○ , ×)

4. 다음을 듣고 빈칸에 들어갈 말을 쓰세요.

(1) 김 부장: 업무 ______ 은/는 정세아 대리가 해 줄 거예요.

투안: 네, 알겠습니다. 감사합니다.

(2) 정세아: 인수인계 파일을 ______. 이해가 안 되면 ______ 물어보세요.

투안: 네, 감사합니다. ______ 모르는 것이 있으면 말씀드리겠습니다.

(3)정세아: 영업팀은 일이 많아서 업무를 빨리 ______. 열심히 하세요.

투안: 네. ______ 빨리 업무를 ______.

5. 다음을 듣고 이어지는 말을 고르세요.

(1) (답:)

① 네. 후임자가 되고 싶습니다.

② 네. 인수인계 파일을 봤습니다.

③ 네. 인수인계가 지연되었습니다.

④ 네. 전임자에게 가르쳐 줬습니다.

(2) (답:)

① 아직요. 지금 확인하겠습니다.

② 아직 한국어로 메일을 잘 못 씁니다.

③ 인터넷이 느려서 메일이 잘 안 갑니다.

④ 보통 업무 내용은 메일로 주고받습니다.

6. 다음을 듣고 질문에 답하세요.

(1) 투안 씨에게 어려운 것은 무엇입니까? (답:)

① 업무 메일 읽기
② 업무 메일 쓰기
③ 회의 자료 읽기
④ 회의 자료 쓰기

(2) 업무 이메일 쓰는 방법이 아닌 것은 무엇입니까? (답:)

① 메일 처음에 인사말을 씁니다.
② 메일을 보낸 후에 확인을 받습니다.
③ 마지막에 보내는 사람 이름을 씁니다.
④ 다른 사람이 보낸 메일과 비슷하게 씁니다.

7. 일할 때 무엇이 가장 어렵습니까? 그때 어떻게 합니까? [보기]와 같이 이야기해 보세요.

[보기]

저는 일할 때 한국 사람하고 이야기하는 것이 제일 어려워요.
한국 사람들은 바쁘면 빨리 말해요.
저는 아직 듣기를 잘 못해서 빨리 말하면 이해할 수 없어요.
그때 저는 "천천히 말해 주세요."라고 부탁해요.

이름	투안	
어려운 것	한국 사람하고 이야기하는 것	
이유	한국 사람들이 바쁘면 빨리 말해요	
해결 방법	"천천히 말해 주세요." 부탁해요	

읽고 쓰기

1. 다음을 읽고 질문에 답하세요.

새 메일

받는 사람 **kim@hankuk.com**

참조

제목 **출장 보고서 첨부**

김영수 과장님께

안녕하십니까?

지난주에 한국에 다녀온 출장 보고서를 첨부합니다.
확인해 보시고 수정 사항 말씀해 주시면 반영하겠습니다.

감사합니다.

이수호 드림

=============

이수호 대리

한베물산
+84-1-123-4567

첨부 파일 : 한국 출장 보고서.docx

보내기

(1) 누구에게 메일을 썼습니까?

______ 이/가 ______ 에게

(2) 이것을 보고 알 수 없는 것은 무엇입니까? (답:)

① 보내는 사람 직급

② 메일을 쓰는 이유

③ 첨부 파일의 제목

④ 받는 사람 전화번호

3. 상사에게 회의 자료를 보내는 이메일을 써 보세요.

메일에 아래 내용을 꼭 넣으세요.

• 인사말 - 하고 싶은 말 - 마지막 인사 - 이름 - 서명

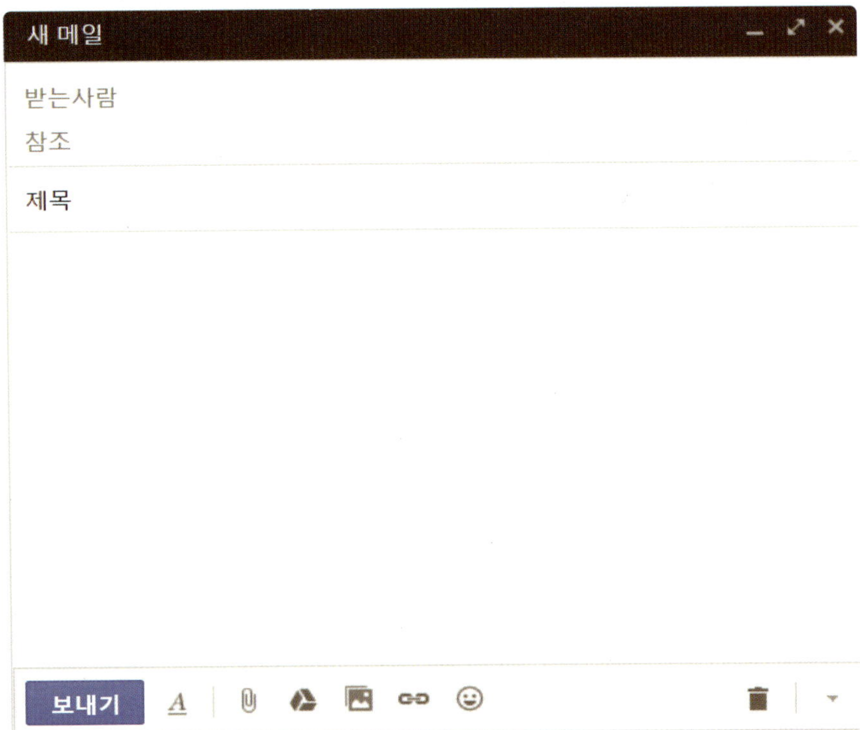

새 어휘

팀원	비슷하다	수정 사항
인사말	확인(을) 받다	반영하다
드림	출장 보고서	

03 전산팀에 연락해 보세요

학습 목표

- 직장에서 문제가 발생했을 때 사용하는 문법과 어휘를 사용할 수 있다.
- 회사 사람들과 대화를 통해 문제를 해결할 수 있다.

어휘: 업무 문서, 문서 양식

문법: -을 때, -어/아 보다

듣고 말하기

투 안: 정 대리님, 컴퓨터에 문제가 있을 때는 어떻게 해야 해요?

정세아: 왜요? 무슨 문제가 생겼어요?

투 안: 영업 관리 시스템에 접속이 안 돼요.

정세아: 그럼, 컴퓨터를 재부팅해 보세요.

투 안: 네, 그렇게 해 보겠습니다.

정세아: 그래도 안 되면 전산팀에 연락해 보세요.

접속	재부팅하다	생겼어요[생겨써요]
접속이 안 되다	어떻게[어떠케]	관리[괄리]

1. 말해 보세요.

[보기]	투안	정세아
	컴퓨터에 문제가 있다	컴퓨터를 재부팅해 보세요.

(1) 월차를 쓰고 싶다 　　먼저 과장님께 말씀드리다

(2) 복사기가 고장 났다 　　시설 관리팀에 연락하다

2. 일할 때 문제가 생긴 일이 있습니까? 그때 어떻게 말합니까? 이야기해 보세요.

3. 다음을 듣고 들은 내용과 같으면 O, 다르면 X 하세요.

(1) 투안 씨 컴퓨터에 문제가 생겼습니다. (○ , ×)

(2) 투안 씨는 컴퓨터를 재부팅할 것입니다. (○ , ×)

4. 다음을 듣고 빈칸에 들어갈 말을 쓰세요.

(1) 투안: 대리님, 컴퓨터에 ______ 어떻게 해야 해요?

정세아: 왜요? 무슨 문제가 ______?

(2) 투안: 영업 관리 시스템에 ______.

정세아: 그럼, 컴퓨터를 ______.

(3) 투안: 네, ______.

정세아: 그래도 안 되면 전산팀에 ______.

5. 다음을 듣고 이어지는 말을 고르세요.

(1) (답:)

① 컴퓨터를 보냈어요?
② 컴퓨터가 얼마예요?
③ 무슨 문제가 생겼어요?
④ 문제는 잘 해결했어요?

(2) (답:)

① 네, 연락 받았습니다.
② 네, 그렇게 하겠습니다.
③ 아니요. 연락하지 못했습니다.
④ 아니요. 그렇게 하지 않겠습니다.

6. 다음을 듣고 메모하세요.

	정 대리
처음 발령 받았을 때	긴장해서
근무 첫 날	하루에

7. 여러분은 일할 때 어떤 문제가 있습니까?

문제가 생겼을 때 해결하는 방법이 있습니까? [보기]와 같이 이야기해 보세요.

[보기] 저는 영업팀에서 일해요. 거래처 사람들을 만날 때 한국어로 이야기를 해요. 한국어로 이야기를 할 때 조금 어려워요. 그래서 한국 친구를 사귀었어요. 주말마다 한국어를 연습해요. 여러분도 한국 친구를 사귀어 보세요. 그리고 한국어 연습을 위해 한국 노래를 자주 따라 해요. 여러분도 한국 노래를 들어 보세요.그리고 따라 불러 보세요. 도움이 될 거예요.

	영업팀	내가 일하는 곳	동료가 일하는 곳
문제	거래처 사람들을 만날 때 한국어로 이야기를 하다 한국어로 이야기를 할 때 어렵다		
해결 방법	한국 친구를 사귀다 한국 노래를 듣고 따라하다		

읽고 말하기

1. 다음을 읽고 질문에 답하세요.

<table>
<tr><td colspan="4">출장보고서</td></tr>
<tr><td colspan="4">결재: 담당 / 과장 / 부장
영업부장 김영미 귀하</td></tr>
<tr><td>출장자</td><td>영업부 투안</td><td>출장지</td><td>다낭</td></tr>
<tr><td>기간</td><td>4월 28일 ~ 4월 30일</td><td>방문처</td><td>세 개 회사</td></tr>
<tr><td>용건</td><td colspan="3">· 새로운 거래처 확보
· 거래처 담당자와 회의</td></tr>
<tr><td>성과</td><td colspan="3">· 거래처와 계약 체결</td></tr>
<tr><td>의견</td><td colspan="3">· 다낭 지역에 새로운 거래처를 늘려야 함.
· 배송 시스템 개선 필요</td></tr>
</table>

(1) 무슨 내용입니까? (답:)

① 출장 보고

② 견적 의뢰

③ 휴가 신청

④ 방문 의뢰

(2) 문서의 내용과 같은 것은 무엇입니까? (답:)

① 투안은 3일간 출장을 갔습니다.

② 다낭 지역은 배송 시스템이 좋습니다.

③ 투안은 거래처 담당자를 못 만났습니다.

④ 투안은 방문한 거래처와 다음 달에 계약을 합니다.

2. 여러분은 출장을 간 적이 있습니까? 출장 보고를 할 때 어떻게 합니까? [보기]와 같이 이야기해 보세요.

[보기]

가: 부장님, 여기 출장 보고서입니다.
나: 그래요. 출장은 어땠습니까?
가: 거래처와 계약을 했습니다.
나: 잘했네요. 앞으로 필요한 것은 무엇입니까?
가: 다낭 지역 배송 시스템 개선이 필요합니다.
나: 그래요? 알겠습니다.
회의할 때 자세히 이야기해 봅시다.

	출장에서	앞으로
계약	거래처와 계약을 했다	다낭 지역의 배송 시스템 개선이 필요하다

읽고 쓰기

1. 다음을 읽고 질문에 답하세요.

신입 사원 환영회
금년에 우리 영업팀에 신입 사원 2명이 들어왔습니다. 그러므로 신입 사원 환영회를 아래와 같이 개최하려고 합니다. 팀원 여러분들의 참석을 바랍니다. 부득이하게 참석하지 못하는 분은 3월 9일까지 흐엉 총무에게 연락해 주시길 바랍니다. -아 래-
1. 일시: 3월 10일 (금) 17시 30분 2. 장소: 한국 가든 3. 예산: 1인당 10만동(신입 사원은 무료)

(1) 무엇에 대한 글입니까?

(2) 언제 어디에서 모임이 있습니까?

(3) 모임에 가지 못하는 사람은 어떻게 합니까?

2. 다음 내용을 보고 송별회 안내문을 만들어 보세요.

송별회를 하는 사람	진정희 과장님, 최현정 대리님, 박지선 씨
회사	영업팀으로 전근을 간다. 다낭 지사로 이동을 한다. 서울 본사로 발령을 받았다.
송별회 안내	1. 일 시 2. 장 소 3. 예 산

[ ] 송별회
-아 래-

새 어휘

귀하	계약 체결	부득이하다
동행자	배송	참석하다
거래처 확보	개선	친목회

04 혼자 처리하면 안 돼요

학습 목표

- 결재와 구매 상황에 대한 어휘를 알고 표현할 수 있다.
- 허락과 금지 표현을 사용하여 묻고 답할 수 있다.

어휘: 결재, 구매

문법: -어도/아도 되다, -(으)면 안 되다

듣고 말하기

투 안: 유미 씨, 구매 목록표 작성은 다 했어요.
구매팀에 보내도 될까요?

유 미: 작성하고 검토도 했지요?

투 안: 네. 여러 번 검토했어요.

유 미: 대리님께 결재도 받았어요?

투 안: 아니요. 결재를 받고 보내야 돼요?

유 미: 당연하죠. 구매 건은 혼자 처리하면 안 돼요.
대리님께 결재 서류를 올리세요.

투 안: 아, 그렇군요. 알려 줘서 고마워요.

- 구매 목록표
- 작성하다
- 검토하다
- 건
- 처리하다
- 알려 줘서 고마워요.
- 알려 주셔서 감사합니다.
- 목록표[몽녹표]
- 결재[결째]

1. 말해 보세요.

[보기]	투안	유미
	구매 목록표, 구매팀에 보내다	구매 건은 혼자 처리하다

(1) 보고서, 모두에게 전달하다 — 숫자에 실수가 있다

(2) 인터뷰 기사, 게시판에 올리다 — 기사의 내용을 잘못 쓰다

2. 회사에서 무엇을 하면 안 돼요? 이야기해 보세요.

3. 다음을 듣고 들은 내용과 같으면 O, 다르면 X 하세요.

(1) 투안은 문서를 검토하지 않았습니다. (○ , ×)

(2) 투안은 구매팀에 보낼 문서를 만들었습니다. (○ , ×)

4. 다음을 듣고 빈칸에 들어갈 말을 쓰세요.

(1) 투안: 유미 씨, 구매 목록표 작성은 ________________.
구매팀에 ________________?
유미: ________________ 했지요?

(2) 유미: 대리님께 ________________?
투안: 아니요. 결재를 받고 ________________?

(3)유미: 당연하죠. 구매 건은 혼자 ________________.
대리님께 ________________.
투안: 아, 그렇군요. ________________ 고마워요.

5. 다음을 듣고 이어지는 말을 고르세요.

(1) (답:)

① 네, 어제 드렸습니다.
② 네, 확인해 보겠습니다.
③ 네, 제가 작성했습니다.
④ 네, 문서를 보내겠습니다.

(2) (답:)

① 그래요. 간식도 함께 사세요.
② 네. 팀원들이 커피를 마셨어요.
③ 아니요. 저는 커피를 좋아해요.
④ 맞아요. 커피를 마시면 안 돼요.

6. 다음을 듣고 질문에 답하세요.

(1) 들은 것과 다른 것은 무엇입니까? (답:)

① 정 대리는 요즘 일이 많습니다.

② 두 사람은 함께 보고서를 썼습니다.

③ 유미는 일할 때 가끔 실수를 합니다.

④ 투안은 상사에게 결재를 요청했습니다.

(2) 유미가 투안에게 한 말은 무엇입니까? (답:)

① 실수하면 이상한 사람이 됩니다.

② 실수는 처음 한 번만 괜찮습니다.

③ 실수를 많이 하는 것이 좋습니다.

④ 실수를 부끄러워하지 않아도 됩니다.

7. 여러분은 실수한 경험이 있습니까? [보기]와 같이 이야기해 보세요.

[보기]

저는 한국어를 잘 몰라서 처음에 '김 과장'이라고 했어요.
김 과장님이 듣고 깜짝 놀랐어요. 한국 동료가 저한테 설명해 줬어요.
"상사한테 '과장'이라고 부르면 안 돼요. '님'을 붙여야 해요."
그래서 저는 동료 김영수 씨에게 '김 님'이라고 했어요. 그때 동료들이 모두 웃었어요.

이름	투안	
무슨 실수	김 과장, 김 님	
왜	한국어를 잘 몰라서	

읽고 말하기

1. 다음을 읽고 질문에 답하세요.

저는 한국 회사를 다닙니다. 회사에서 지켜야 할 것이 있습니다. 옷을 깨끗하게 입고, 사원증을 항상 가지고 다녀야 합니다. 일할 때 휴대 전화를 사용하면 안 됩니다. 동료에게 반말을 하면 안 됩니다. 퇴근 후에는 친한 동료에게 편하게 말해도 됩니다.

(1) 규칙을 세 개 이상 찾아보세요.

(2) 동료에게 이야기할 때와 상사에게 이야기할 때의 다른 점을 이야기해 보세요.

(3) 여러분 회사의 규칙을 적어 보세요.

2. 무엇을 해도 돼요? 무엇을 하면 안 돼요? 이야기해 보세요.

[보기]

투안: 유미 씨, 근무 시간에 잠깐 쉬어도 돼요?

유미: 그럼요. 휴게실에 가서 10분 정도 쉴 수 있어요. 그런데 너무 오래 쉬면 안 돼요.

투안: 알겠어요.

질문	해도 돼요	하면 안 돼요
근무 시간에 잠깐 쉬다	○, 10분 정도	너무 오래 쉬다
회의 중에 화장실에 가다		
음악을 들으면서 일하다		
______ 에서 담배를 피우다		
______ 에서 큰 소리로 이야기하다		
신발을 신고 집에 들어가다		
운전하면서 전화하다		
공원에 강아지를 데리고 가다		

읽고 쓰기

1. 다음을 읽고 질문에 답하세요.

구매 품의서					
결재	담당	과장	부장	사장	

구매 요구 부서	총무부	일자	20__. 02. 20
구매 목적	행사용	발주번호	1245-80-2948

번호	물품	품명	수량	단가 (단위:만동)	금액
1	프린터	ML200	1	6,000d	6,000d
2	디지털카메라	LXUS	2	4,000d	8,000d
3					
4					
5					

(1) 구매를 원하는 물건과 개수, 값을 찾아보세요.

물건	프린터	
개수		
값		

(2) 구매 목적을 찾아보세요.

구매 목적:

2. 우리 부서에 필요한 물품을 조사하여 구매 품의서를 만들어 보세요.

(1) 사람들에게 필요한 물건과 개수를 물어보세요.

(2) 목록을 정리하고 물품의 품명과 가격을 인터넷으로 찾으세요.

(3) 구매 목적을 정하고 결재 문서(구매 품의서)를 작성하세요.

(4) 동료와 함께 검토하세요.

(5) 상사에게 결재를 받으세요.

<table>
<tr><td colspan="6">구매 품의서</td></tr>
<tr><td colspan="6">
<table>
<tr><td rowspan="2">결
재</td><td>담당</td><td>과장</td><td>부장</td><td>사장</td></tr>
<tr><td></td><td></td><td></td><td></td></tr>
</table>
</td></tr>
<tr><td colspan="2">구매 요구 부서</td><td colspan="2"></td><td>일자</td><td></td></tr>
<tr><td colspan="2">구매 목적</td><td colspan="2"></td><td>발주번호</td><td></td></tr>
<tr><td>번호</td><td>물품</td><td>품명</td><td>수량</td><td>단가 (단위:만동)</td><td>금액</td></tr>
<tr><td>1</td><td></td><td></td><td></td><td></td><td></td></tr>
<tr><td>2</td><td></td><td></td><td></td><td></td><td></td></tr>
<tr><td>3</td><td></td><td></td><td></td><td></td><td></td></tr>
<tr><td>4</td><td></td><td></td><td></td><td></td><td></td></tr>
<tr><td>5</td><td></td><td></td><td></td><td></td><td></td></tr>
</table>

새 어휘

마음대로	웃다	근무 시간
깜짝 놀라다	반말	일자
설명하다	규칙	발주

05 홍보팀에 가서 말해 줄게요

학습 목표

- 직장에서 사보에 관한 이야기를 할 때 사용하는 문법과 어휘를 사용할 수 있다.
- 회사 사람들과 사보를 보며 이야기할 수 있다.

어휘: 잡지, 사보

문법: -어서/아서[2], -(으)ㄴ데/는데

듣고 말하기

투 안: 여러분, 이것 좀 보세요. 사내 잡지에 우리 팀 정 대리님 인터뷰가 나왔어요.

세 아: 아, 지난달에 홍보 팀 직원을 만났는데 자꾸 부탁해서요.

투 안: 대리님 사진이 정말 잘 나왔어요.

세 아: 고마워요. 참, 홍보팀에서 외국인 직원도 인터뷰하고 싶어 하는데 투안 씨가 해 보면 어때요?

투 안: 제가요? 잘할 수 있을까요?

세 아: 내가 홍보팀에 이야기해 줄게요. 만나서 이야기해 보세요.

- 사내 잡지
- 인터뷰
- 이것 좀[이걷쫌]
- 잡지[잡찌]
- 만났는데[만난는데]
- 부탁해서[부타캐서]
- 줄게요[줄께요]

1. 말해 보세요.

[보기]

정세아	투안
홍보팀에서 외국인 직원도 인터뷰하고 싶어 하는데 투안 씨가 해 보면 어때요?	제가요? 잘할 수 있을까요?

(1) 사보 표지 모델을 뽑는다. 제가요? 한번 해 볼까요?

(2) 회사 체육 대회에 나갈 선수를 모집한다. 네, 제가 해 보겠습니다.

2. 다른 사람에게 상황을 설명할 때 어떻게 말합니까? 이야기해 보세요.

오늘 저녁에 중요한 약속이 있는데 다음에 만날 수 있을까요?

네, 알겠어요. 그럼 다음에 다시 약속 정해서 만나요.

3. 다음을 듣고 들은 내용과 같으면 O, 다르면 X 하세요.

(1) 회사 사보에 투안 인터뷰가 실렸습니다. (○ , ×)

(2) 정 대리는 홍보팀 직원의 부탁을 들어 주었습니다. (○ , ×)

4. 다음을 듣고 빈칸에 들어갈 말을 쓰세요.

(1) 투안: 여러분 이것 좀 보세요. ________ 우리 팀 정 대리님 인터뷰가 나왔어요.

정세윤: 아, 지난달에 홍보 팀 직원을 ________ 자꾸 부탁해서요.

(2) 투안: 대리님 사진이 정말 잘 ________.

정세윤: 고마워요. 참, 홍보팀에서 외국인 직원도 ________ 투안 씨가 해 보면 어때요?

(3) 투안: 제가요? ________?

정세윤: 내가 홍보팀에 이야기해 줄게요. ________.

5. 다음을 듣고 이어지는 말을 고르세요.

(1) (답:)

① 고마워요.

② 미안해요.

③ 다음 달에 찍어요.

④ 지난번에 찍었어요.

(2) (답:)

① 네, 한번 만나 보겠습니다.

② 네, 만나서 사진을 찍었습니다.

③ 아니요, 홍보팀에 연락했습니다.

④ 아니요. 홍보팀에서 이야기를 못 들었습니다.

6. 다음을 듣고 메모하세요.

	정 대리	철수
투안	영업팀에 있는데	그래요?
	우리팀에서	한번

7. 여러분은 사내 잡지와 인터뷰를 하면 어떤 말을 하고 싶습니까?

[보기]와 같이 이야기해 보세요.

[보기]

가 : 어떻게 우리 회사에 입사하게 됐습니까?

나 : 저는 한국어를 전공했는데 한국 회사에 들어가고 싶었습니다.
그래서 열심히 공부해서 우리 회사에 지원하였습니다.

가 : 그렇군요. 회사에서 일하는 것은 어떻습니까?

나 : 지금 영업팀에서 근무하는데 동료분들이 모두 좋아서 즐겁습니다.
더 열심히 일해서 승진하고 싶습니다.

	사내 잡지 기자		대답하는 사람
질문	1. 어떻게 우리 회사에 입사하게 됐습니까?	대답	1.
	2. 회사에서 일하는 것은 어떻습니까?		2.
	3.		3.
	4.		4.

읽고 말하기

1. 다음을 읽고 질문에 답하세요.

이달의 직원

Q : 안녕하세요. 먼저 자기소개 좀 부탁할게요.

A : 안녕하세요. 영업팀에서 근무하고 있는 투안이라고 합니다.

Q : 네, 투안 씨 안녕하세요? 영업팀에서 인기남이라고 들었습니다. 투안 씨가 생각하는 인기의 비결은 무엇입니까?

A : 글쎄요. 저는 잘 모르겠는데 우리 팀 사람들이 많이 좋아해 주는 것 같습니다. 그리고 제가 이야기할 때 사람들이 많이 웃는데요. 제가 다른 사람들을 재미있게 해 주는 능력이 있는 것 같습니다.

Q : 그렇군요. 영업팀 일은 어떻습니까? 일할 때 어려움은 없습니까?

A : 영업팀이라서 출장이 많은데요. 거래처 사람과 만나서 한국어로 이야기할 때 긴장이 많이 됩니다.

Q : 이렇게 한국어를 잘하는데 긴장이 되세요?

A : 그럼요. 그래서 시간이 있을 때 영업과 관련 있는 한국어를 공부하고 있습니다. 열심히 공부해서 더 좋은 직원이 되고 싶습니다.

(1) 무슨 내용입니까? (답:)

① 직원 상담 ② 직원 소개

③ 직원 면접 ④ 직원 인터뷰

(2) 윗글의 내용과 같은 것은 무엇입니까? (답:)

① 투안은 영업팀에서 인기가 많습니다.

② 투안은 다른 사람 앞에서 말을 잘 못합니다.

③ 투안은 동료들과 일할 때 긴장을 많이 합니다.

④ 투안은 한국어를 공부해서 선생님이 되려고 합니다.

2. 여러분은 회사 사보와 인터뷰를 하면 무슨 말을 하고 싶습니까?
[보기]와 같이 이야기해 보세요.

[보기]

가: 인기의 비결이 무엇입니까?
나: 제가 사람들을 재미있게 하는 능력이 있는 것 같습니다.
가: 앞으로 무엇을 하고 싶습니까?
나: 한국어를 열심히 공부해서 더 좋은 직원이 되고 싶습니다.

부서	인기 비결	앞으로
[보기]	사람들을 재미있게 하는 능력이 있다.	한국어를 열심히 공부해서 더 좋은 직원이 되고 싶다.

읽고 쓰기

1. 다음은 사보에 실린 회사 뉴스입니다. 다음을 읽고 질문에 답하세요.

생산팀
11월 7일
생산 라인에 사용하는 노후 기계 교체

구매팀
11월 14-27일 전체 팀원 대상
'팀원들 간의 자유로운 의사소통을 위한 리더십 교육' 진행

홍보팀
11월 30일
다낭 지역 정기적인 봉사활동을 위해 다낭청년협회와 MOU 체결

영업팀
다낭 지역 신규 거래처 확보

하노이 사업장
히엔 호찌민 지사장이 현장 직접 방문, 하노이 사업장 직원들과의 간담회 진행, 위문품 전달 및 격려

롱안 사업장
12월 5일
롱안 지역 직원들 간의 화합을 위한 워크숍 및 체육 대회 개최, 생산 1팀 우승

(1) 생산팀에서 무엇이 바뀌었습니까?

(2) 홍보팀에서는 왜 MOU를 체결했습니까?

(3) 하노이 사업장에 누가 방문했습니까?

(4) 롱안 사업장에서 무슨 일이 있었습니까?

2. 사보에 실릴 우리 팀 뉴스를 써 보세요.

월 일

월 일

월 일

월 일

월 일

월 일

새 어휘

인기남	의사소통	간담회
비결	리더십 교육	위문품
능력	정기적	화합
노후 기계	봉사활동	
자유롭다	MOU 체결	

06 영업 실적을 보면서 계산을 하고 있는데요

학습 목표

- 직장에서 현재 진행하는 일을 이야기할 수 있다.
- 업무 중에 어려움이 있을 때 도움을 요청할 수 있다.

어휘: 영업 실적, 서류

문법: -(으)면서, -고 있다

듣고 말하기

이유미: 투안 씨, 혹시 지금 바빠요?

투 안: 네, 조금요. 거래처에 보낼 서류를 작성하고 있어요.

이유미: 그렇군요. 마치면 알려 주세요.

투 안: 무슨 일이에요? 급한 일이면 지금도 괜찮아요.

이유미: 아, 지금 영업 실적을 보면서 계산을 하고 있는데요. 수치가 잘 안 맞아서요. 같이 좀 봐 주세요.

투 안: 네. 그런 거라면 금방 할 수 있어요.

혹시	급하다	안 맞다	급한[그판]
마치다	계산	그런 거라면	
알려 주다	수치	금방	

1. 말해 보세요.

[보기]	유미	투안
	지금 영업 실적을 보면서 계산을 하고 있는데요. 수치가 잘 안 맞아서요. 같이 좀 봐 주세요.	네. 그런 거라면 금방 할 수 있어요.
	(1) 혹시 지금 바쁘지 않으면 이것 좀 같이 해 줄 수 있어요?	미안해요, 지금 급한 서류를 작성하고 있어요.
	(2) 지금 일이 끝나면 좀 도와 줄 수 있어요?	지금도 괜찮아요. 말씀하세요.

2. 동료의 부탁을 들어주거나 거절할 때 어떻게 말합니까? 이야기해 보세요.

3. 다음을 듣고 들은 내용과 같으면 O, 다르면 X 하세요.

(1) 지금 남자는 조금 바쁩니다. (○ , ×)

(2) 남자는 지금 영업 실적을 보고 있습니다. (○ , ×)

4. 다음을 듣고 빈칸에 들어갈 말을 쓰세요.

(1) 이유미: 투안 씨, ____________ 지금 바빠요?

투안: 네, 조금요. 거래처에 보낼 서류를 ____________.

(2)이유미: 그렇군요. 마치면 알려 주세요.

투안: 무슨 일이에요? ____________ 지금도 괜찮아요.

(3)이유미: 아, 지금 영업 실적을 ____________ 계산을 하고 있는데요. 수치가 잘 안 맞아서요. 같이 좀 봐 주세요.

투안: 네. 그런 거라면 ____________.

5. 다음을 듣고 이어지는 말을 고르세요.

(1) (답:)

① 그럼요. 안 바빠요.
② 네. 지금 일이 많아요.
③ 아니요. 급한 일이 있어요.
④ 지금 바쁘지 않으면 도와 주세요.

(2) (답:)

① 네. 급한 일이에요?
② 맞아요. 같이 봐 줬어요.
③ 잠깐만요. 저랑 같이 봐요.
④ 미안해요. 제가 도울 수 있어요.

6. 다음을 듣고 메모하세요.

여자는 뭘 하고 있어요?	거래처 목록을 신제품 홍보물을 이메일로 ,
무슨 문제가 있어요?	거래처의 이메일이 이 많아요.
어떻게 해야 해요?	을 보지 않고 을 봐야 해요.

7. 문제가 생겼을 때 동료에게 도움을 부탁해야 합니다. [보기]와 같이 이야기해 보세요.

[보기]

가: 기태 씨, 지금 바빠요?

나: 왜요? 무슨 일이에요?

가: 거래처에 전화를 해야 하는데 한국어를 잘 못해서 걱정이에요.
한국어 전화 예절을 가르쳐 줄 수 있어요?

나: 네, 알겠어요. 전화해서 무슨 이야기를 하고 싶어요?

가: 제가 하고 싶은 말은….

[보기]	거래처에 전화를 해야 하는데 한국어를 잘 못해서 걱정이에요.
1	물건이 너무 무거워서 들 수 없어요.
2	계산을 해야 하는데 자료가 너무 많고 어려워요.
3	회사 양식에 맞게 서류를 작성해야 하는데 잘 모르겠어요.

읽고 말하기

1. 다음을 읽고 질문에 답하세요.

5월 월간 영업 실적 보고서

5월 31일
영업 2팀 정세아 (인)

담당	과장	부장

디스플레이 SA-1의 판매 실적

5월 월간 목표 및 실적			
목표 1,500개	실적 1,650개	달성률 110%	전월대비 120%
활동 내용 · 월간지 「디스플레이 코리아」 광고(7월호~8월호) · 거래처 판촉 방문 · 홈페이지와 SNS로 홍보			
소감 홈페이지와 SNS로 홍보하고 있는데 예상보다 더 많은 성과가 있었습니다. 이후에도 계속 홍보에 주력하면서 신규 거래처를 늘려야 합니다.			
다음 달의 목표 1,600개			
다음 달의 활동 계획 · 신규 거래처에 판촉 방문 · 홍보물 번역 · 유튜브(YouTube)로 홍보			

(1) 다음 중 알 수 없는 내용은 무엇습니까? (답:)

① 제품을 얼마에 팔았습니까? ② 누가 이 보고서를 썼습니까?

③ 다음 달에 무엇을 할 겁니까? ④ 이 보고서는 누가 결재합니까?

(2) 윗글의 내용과 같은 것은 무엇입니까? (답:)

① 5월에 홍보물을 번역했습니다.

② 5월에 영업 실적이 증가했습니다.

③ 6월의 목표는 이번 달 목표와 같습니다.

④ 6월에는 거래처에 직접 가지 않을 겁니다.

2. 영업 실적 보고서를 보고 이야기해 봅시다. [보기]와 같이 이야기해 보세요.

[보기]

가: 정 대리, 이번 달 영업 실적 좀 알 수 있을까요?

나: 네, 과장님. 5월 판매 목표는 1,500개였고, 실적은 1,650개였습니다.

가: 달성률이 높네요.

나: 네. 전월 대비 120%로 영업 실적이 증가했습니다.

(1) 이번 달 활동	
(2) 이번 달 실적 소감	
(3) 다음 달 목표	
(4) 다음 달 계획	

읽고 쓰기

1. 다음은 이번 달 영업 실적 보고입니다. 다음을 읽고 질문에 답하세요.

6월 영업 실적 보고입니다. 이번 달에는 판매 목표가 1,600개였는데 실적도 1,600개였습니다. 달성률은 100%지만 판매량은 전월대비 96%로 4% 감소했습니다.

요즘 저희 영업 2팀은 홍보물을 다시 제작하여 번역하고, 신규 거래처에 직접 방문하면서 열심히 판촉 활동을 하고 있습니다. 특히, 이번 달에 유튜브(YouTube) 홍보를 시작했는데 아직 큰 성과는 없었습니다.

다음 달의 목표는 1,600개입니다. 다음 달에는 계속 하고 있는 SNS 홍보에 주력하면서 신규 거래처와 계약을 늘릴 것입니다.

(1) 이번 달 영업 실적은 어떻습니까?

(2) 영업 2팀은 이번 달에 어떤 활동을 하고 있습니까?

(3) 다음 달의 계획은 무엇입니까?

2. 우리 회사 영업 실적을 보고해 봅시다.

__________ 영업 실적 보고입니다.

새 어휘

부탁을 들어주다	월간지	에 주력하다
부탁을 거절하다	광고	신규
얼마든지요	SNS	늘리다
홍보물	소감	주요
전화 예절	예상보다 더	번역
및	성과가 있다	
담당	이후	

07 어제 퇴근하려고 할 때 급한 연락이 왔습니다

학습 목표

- 이유와 의도를 나타내는 표현을 사용할 수 있다.
- 보안에 대한 어휘를 사용할 수 있다.

어휘: 보안, 규정

문법: -(으)려고 하다, -(으)니까[1]

듣고 말하기

투　안: 과장님, 여기 사유서에 서명 좀 부탁드립니다.

과　장: 보안 위반 사유서? 무슨 일이 있었어요?

투　안: 제가 어제 컴퓨터를 끄지 않고 퇴근했습니다.

과　장: 저런, 투안 씨. 우리 회사는 보안을 매우 엄격하게 관리하니까 조심해야 돼요.

투　안: 죄송합니다. 어제 퇴근하려고 할 때 급한 연락이 와서 컴퓨터 끄는 걸 잊어버렸습니다.

과　장: 이런 일로 벌점이 쌓이면 인사고과에서 좋은 점수를 받을 수 없으니까 항상 신경 쓰세요.

- 사유서
- 서명
- 저런
- 연락이 오다
- 벌점
- 쌓이다
- 신경(을) 쓰다
- 좀 부탁드립니다
- 벌점[벌쩜]
- 쌓이면[싸이면]

1. 말해 보세요.

[보기]	과장	투안
	퇴근하려고 하다/급한 연락이 오다/컴퓨터 끄는 걸 잊어버리다	벌점이 쌓이다/좋은 점수를 받을 수 없다/항상 신경 쓰세요

(1) 점심을 먹다/배가 아프다/밥을 못 먹다　　몸이 아프다/일할 수 없다/조퇴하고 쉬세요

(2) 오토바이를 타다/고장나다/버스를 타다　　다시 고장나다/위험하다/오토바이를 고치세요

2. 여러분은 뭘 하려고 했는데 하지 못했어요? 이야기해 보세요.

3. 다음을 듣고 들은 내용과 같으면 O, 다르면 X 하세요.

(1) 회사의 보안 관리가 엄격합니다. (○ , ×)

(2) 남자는 퇴근할 때 컴퓨터를 껐습니다. (○ , ×)

4. 다음을 듣고 빈칸에 들어갈 말을 쓰세요.

(1) 투안: 과장님, 여기 사유서에 ______________

과장: ______________? 무슨 일이 있었어요?

(2) 투안: 제가 어제 컴퓨터를 ______________ 퇴근했습니다.

과장: 저런, 투안 씨. 우리 회사는 보안을 매우 ______________ 조심해야 돼요.

(2) 투안: 죄송합니다. 어제 ______________ 급한 연락이 와서 컴퓨터 끄는 걸 잊어버렸습니다.

과장: 이런 일로 ______________ 인사고과에서 좋은 점수를 ______________ 항상 신경 쓰세요.

5. 다음을 듣고 이어지는 말을 고르세요.

(1) (답:)

① 네. 입사할 때 했지요.

② 그럼요. 아직 못했어요.

③ 안 돼요. 꼭 서명하세요.

④ 아니요, 서명하고 냈어요.

(2) (답:)

① 네. 퇴근 전에 껐어요.

② 네. 어제 퇴근을 못했어요.

③ 맞아요. 컴퓨티가 없었어요.

④ 그럼요. 어제는 잊어버렸어요.

6. 들은 것과 같으면 o, 다르면 x 하세요.

(1) 남자는 보안 규정을 강화했습니다. (○ , ×)

(2) 남자는 영업 비밀을 유출했습니다. (○ , ×)

(3) 남자는 어제 오후에 강당에 있었습니다. (○ , ×)

(4) 남자는 보안 유지 서약서를 회사에 냈습니다. (○ , ×)

7. 우리 회사에 어떤 보안 규정이 있습니까? [보기]와 같이 이야기해 보세요.

[보기] 가: 회사에서 사진을 찍으면 안 되니까 휴대폰 카메라에 보안 스티커를 붙여야 해요.

나: 영업 비밀을 유출할 수 있으니까 회사에 usb를 가지고 오면 안 돼요.

	규정
[보기]	회사에서 사진을 찍으면 안 되니까 휴대폰 카메라에 보안 스티커를 붙여야 해요.
	영업 비밀을 유출할 수 있으니까 회사에 usb를 가지고 오면 안 돼요.
1	
2	

읽고 말하기

1. 다음을 읽고 질문에 답하세요.

지난주에 저는 한국 건설에 입사했습니다. 입사 후에 동료들과 함께 신입 사원 교육을 받았습니다. 오늘은 복장 교육이 있었습니다.

회사에서 일할 때는 위험할 수 있으니까 긴 바지를 입어야 합니다. 회사에 올 때는 슬리퍼를 신으면 안 됩니다. 슬리퍼를 신으면 걸을 때 소리가 나니까 시끄럽습니다. 그리고 날씨가 덥지만 양말을 신어야 합니다.

(1) 윗글과 같은 것은 무엇입니까? (답:)

① 신입 사원 교육은 오늘부터 시작했습니다.
② 저는 오늘 한국 건설 회사원이 되었습니다.
③ 지금은 저 혼자 우리 회사의 신입사원입니다.
④ 저는 오늘 회사에서 복장 교육을 받았습니다.

(2) 다음 중 회사에 어울리는 복장은 무엇입니까? (답:)

①

②

③

④

2. 우리 회사에는 어떤 규정이 있습니까? 왜 그렇게 해야 됩니까? 이야기해 보세요.

[보기] 투안: 회사 안에서 오토바이를 타도 돼요?
유미: 안 돼요. 위험하니까 걸어서 다녀야 해요.

	질문	이유	규정
[보기]	회사 안에서 오토바이를 타도 돼요?	위험하니까	걸어서 다니다
1	다음 날 아침에 와서 청소해도 돼요?		
2			
3			
4			
5			

읽고 쓰기

1. 다음을 읽고 질문에 답하세요.

사 유 서

소 속	자재생산팀
직 위	대리
성 명	김용화

사 유

지난 1월 20일에 출근을 하려고 했는데 배가 너무 아파서 병원에 입원했습니다. 그래서 2일 동안 결근을 했습니다. 제가 결근을 해서 다른 직원들에게 피해를 줬으니까 이제부터 더 열심히 근무하겠습니다. 그리고 앞으로 몸을 잘 관리해서 회사에 빠지지 않고 나올 수 있게 주의하겠습니다.

1 월 22 일

신청인 : 김 용 화 (인)

㈜베한전자

(1) 김용화 씨는 어느 회사 대리입니까?

(2) 김용화 씨는 왜 사유서를 썼습니까?

(3) 김용화 씨는 언제부터 언제까지 회사에 못 왔습니까?

(4) 김용화 씨는 왜 결근했습니까?

2. [보기]와 같은 일이 있으면 어떻게 사유서를 쓰겠습니까? 사유서를 써 보세요.

[보기]

(1) 몸이 아파서 갑자기 결근했을 때

(2) 보안 규정을 지키지 않았을 때

(3) 회사의 중요한 행사에 못 갔을 때

(4) ______________ 을 때

사 유 서

소 속	
직 위	
성 명	
사 유	

월 일

신청인 : (인)

㈜

새 어휘

고장 나다	신다	회사에 나오다
보안 스티커	자재생산팀	주의하겠습니다
usb	병원에 입원하다	
슬리퍼	회사에 빠지다	

08 한번 생각해 볼게요

학습 목표

- 제안과 의지를 나타내는 표현을 사용할 수 있다.
- 회사에서의 여러 활동에 대해 이해하고 표현할 수 있다.

어휘: 직장 행사, 동호회 활동

문법: -(으)ㄹ래요, -(으)ㄹ게요

듣고 말하기

태 수: 프엉 씨, 사내 게시판을 봤는데 금요일까지 장기 자랑 대회 참가 신청을 받고 있어요.

프 엉: 네. 저도 봤어요.

태 수: 저하고 같이 나가 볼래요? 프엉 씨 노래 잘하잖아요.

프 엉: 아니에요. 전 사람들이 많으면 부끄러워서 노래를 못 불러요.

태 수: 요즘 인기 있는 텔레비전 프로그램처럼 가면을 쓰고 나가는 건 어때요? 제가 옆에서 춤을 출게요.

프 엉: 음…. 한번 생각해 볼게요.

- 사내 게시판
- 신청을 받다
- 잘하잖아요
- 부끄럽다
- 처럼
- 장기자랑[장끼자랑]
- 같이[가치]
- 인기 있는[인끼인는]
- 출게요[출께요]

1. 말해 보세요.

[보기]	태수	프엉
	저하고 같이 나가다	한번 생각해 볼게요.

(1) 기태 씨와 같이 신청하다	열심히 응원하다
(2) 팀을 만들어서 같이 참가하다	다른 사람들에게도 물어보다

2. 동료에게 동호회를 소개하고 싶습니다. 어떻게 말합니까? 이야기해 보세요.

3. 다음을 듣고 들은 내용과 같으면 O, 다르면 X 하세요.

(1) 여자는 무대 위에서 노래하는 것을 좋아합니다. (○ , ×)

(2) 장기 자랑 대회 참가 신청은 목요일까지입니다. (○ , ×)

4. 다음을 듣고 빈칸에 들어갈 말을 쓰세요.

(1) 태수: 프엉 씨, 사내 게시판 봤는데 금요일까지 ________ 참가 신청을 받고 있어요.

프엉: 네. ________.

(2) 태수: 저하고 같이 ________? 프엉 씨 노래 잘하잖아요.

프엉: 아니에요. 전 사람들이 많으면 부끄러워서 노래를 ________.

(3)태수: 요즘 인기 있는 텔레비전 프로그램처럼 가면을 쓰고 나가는 건 어때요? 제가 옆에서 ________.

프엉: 음…. 한번 ________.

5. 다음을 듣고 이어지는 말을 고르세요.

(1) (답:)

① 커피를 마셔 보세요.

② 휴게실에 가도 돼요.

③ 좋아요. 여기 앉으세요.

④ 지금 좀 바빠서요. 나중에 마실게요

(2) (답:)

① 제가 준비할게요.

② 회의는 오후 3시입니다.

③ 오늘은 일찍 출근했어요.

④ 회의 준비를 빨리 해야 해요.

6. 다음을 듣고 메모하세요.

야유회 날짜	
장소	
출발 시간/장소	아침 8시 /
개인 준비물	

7. 여러분이 일하는 팀이나 회사에는 어떤 행사가 있습니까? [보기]와 같이 이야기해 보세요.

> **[보기]** 저희 팀에서는 매년 12월에 바자회를 해요. 각자 집에서 안 쓰는 물건을 가지고 와서 판매합니다. 그리고 바자회를 해서 번 돈으로 어려운 이웃을 돕습니다. 좋은 물건을 싸게 살 수 있어서 좋고, 어려운 이웃도 도울 수 있어서 기분이 좋습니다.

	내가 일하는 곳	동료가 일하는 곳
행사 이름		
행사 일시		
행사에서 하는 일		
그 행사가 좋은 점		

읽고 말하기

1. 다음을 읽고 질문에 답하세요.

㈜한국네트워크 독서 동호회 모집 안내문

혼자 읽기 힘든 책, 우리 같이 읽을래요?

독서 동호회에 가입하세요!
독서 동호회는 한 달에 한 번 책 한 권을 같이 읽고 이야기하는 모임입니다.
물론, 모임 후 재미있는 뒤풀이도 기다리고 있습니다.

* 모임 시간: 매월 마지막 주 금요일 오후 5시
* 모임 장소: 3층 회의실
* 신입 회원 모집 기간: 1월 15일 ~ 2월 15일
* 가입 방법: 이메일(gtpark@hankuk.com)로 신청서를 보내세요.
* 문의: 총무 박기태(090-3214-7568, gtpark@hankuk.com)

(1) 이 글은 무엇에 대한 글입니까? (답:)

① 동호회 지원금 신청 안내 ② 독서 동호회 신입 회원 모집

③ 회의실 사용 신청 공지 ④ 독서 동호회 뒤풀이 안내

(2) 독서 동호회에 가입하려면 어떻게 해야 합니까?

2. 여러분은 어떤 동호회 활동을 하고 있습니까? 또 어떤 동호회 활동을 하고 싶습니까? 동료에게 동호회 활동을 제안하고 의견을 말해 보세요.

[보기]

가: 저는 수영 동호회를 하고 있어요.

나: 그래요? 수영 동호회가 어때요?

가: 수영을 하면 기분이 상쾌해요. 그리고 동호회에 좋은 사람들이 많아요. 수영 동호회에 가입할래요?

나: 음, 생각해 볼게요. 그런데 저는 요즘 바둑 동호회에 관심이 있어요.

	나	동료(이름:)
활동하고 있는 동호회	수영 동호회	
이유	수영을 하면 기분이 상쾌하다 좋은 사람들이 많다	
활동하고 싶은 동호회		
이유		

읽고 쓰기

1. 다음은 송년회 안내입니다. 다음을 읽고 질문에 답하세요.

<송년회 안내>

임직원 여러분 안녕하십니까? 올 한 해도 수고 많으셨습니다.
한 해를 보내면서 우리 임직원 모두가 모여서 같이 식사도 하고 이야기도 나눌 수 있는 자리를 준비하고 있습니다.
모두 참석하셔서 자리를 빛내 주시기 바랍니다.

* 일시: 12월 27일 금요일 6시
* 장소: 코리안 바비큐

* 추첨을 통해 직원 여러분께 드릴 선물도 준비되어 있습니다. 기대해 주세요.

(1) 송년회는 언제 어디에서 열립니까?

(2) 송년회에서는 무엇을 합니까?

(3) 모든 직원들에게 선물을 줍니까?

2. 여러분 회사의 동호회를 홍보하는 글을 써 보세요.

저는 저희 회사의 __________ 동호회를 소개하려고 해요.

__________ 동호회는 __________ 마다 __________ 에서 모여서

같이 ____________________.

그리고 ____________________.

우리 동호회에서 같이 활동할래요?

그럼 ______________ 에게 연락하세요.

이메일 주소는 ____________________ 예요/이에요.

그럼 우리 동호회에서 만나요!

새 어휘

어려운 이웃	상쾌하다	바둑
뒤풀이	추첨	

09 유니폼으로 빨간색이 좋겠어요

학습 목표

- 상황에 맞는 옷차림이 어떤지 표현할 수 있다.
- 주어진 대상을 비교하고 선택하여 표현할 수 있다.

어휘: 옷차림, 색상

문법: 보다 (더), (으)로

듣고 말하기

유 미: 이번 배드민턴 대회 유니폼으로 파란색이 어때요?

투 안: 파란색보다 빨간색이 더 낫지 않을까요? 다른 팀원들에게도 물어보고 결정하는 게 좋겠어요.

유 미: 그렇게 해요. 그런데 우리 팀이 이번에 우승할 수 있을까요?

투 안: 그럼요. 열심히 훈련했으니까 결과도 좋을 거예요.

유 미: 하긴 그동안 우리 모두 최선을 다했잖아요.

투 안: 우리 회사의 우승을 위해 마지막까지 힘내요. 아자!

배드민턴	훈련하다	최선을 다하다
낫다	결과가 좋다	-잖아요
우승하다	하긴	결정[결쩡]

1. 말해 보세요.

[보기]	태호	투안
	유니폼	파란색, 빨간색

(1) 운동화 유명한 브랜드(메이커), 유명하지 않은 브랜드

(2) 정장 값이 좀 나가다, 저렴하다

2. 물건을 살 때 무엇이 가장 중요해요? 뭐가 가장 중요하지 않아요? 이야기해 보세요.

이번 겨울 외투로 편하고 저렴한 옷을 찾고 있어요. 오래 입는 것이 좋아요.

저는 디자인이 더 중요해요. 몸에 잘 맞고 저한테 잘 어울려야 해요.

3. 다음을 듣고 들은 내용과 같으면 O, 다르면 X 하세요.

(1) 유미는 배드민턴을 처음 배웁니다. (○ , ×)

(2) 두 사람은 회사 대표로 대회에 나갑니다. (○ , ×)

4. 다음을 듣고 빈칸에 들어갈 말을 쓰세요.

(1) 유미: 이번 배드민턴 대회 유니폼으로 ____________?

투안: 파란색보다 빨간색이 더 ____________. 다른 팀원들에게도 물어보고 ____________.

(2) 유미: ____________. 그런데 우리 팀이 이번에 우승할 수 있을까요?

투안: 그럼요. 열심히 훈련했으니까 ____________.

(3) 유미: ____________ 그동안 우리 모두 ____________.

투안: 우리 회사의 우승을 위해 ____________. 아자!

5. 다음을 듣고 이어지는 말을 고르세요.

(1) (답:)

① 좋아요. 검은색을 살게요.

② 그럼, 하얀색 하나 주세요.

③ 그러게요. 하얀색이 더 비싸요.

④ 알겠어요. 검은색을 드릴게요

(2) (답:)

① 회사에 탈의실이 없어요.

② 입는 방법이 좀 어려워요.

③ 단정하고 깔끔하게 입으세요.

④ 운동할 때는 운동복을 입어요.

6. 다음을 듣고 질문에 답하세요.

(1) 들은 것과 같은 것은 무엇입니까? (답:)

① 남자는 경기장에 처음 옵니다.
② 여자는 경기장에 자주 옵니다.
③ 두 사람이 응원하는 팀이 있습니다.
④ 두 사람은 응원 연습을 하고 있습니다.

(2) 남자가 경기를 보는 이유는 무엇입니까? (답:)

① 건강에 좋습니다.
② 스트레스가 풀립니다.
③ 응원하는 것을 좋아합니다.
④ 동료들이 운동을 잘합니다.

7. 여러분은 운동을 자주 합니까? 운동 경기를 자주 봅니까? 다음과 같이 이야기해 보세요.

[보기] 저는 농구를 아주 좋아합니다. 고등학교 때는 수업 후에 친구들하고 거의 매일 농구를 했습니다. 요즘은 일이 많아서 농구를 자주 할 수 없습니다. 그래서 요즘은 농구를 하는 것보다 보는 것을 더 자주 해요. 하지만 얼마 전에 회사 농구 동호회에 가입했어요. 앞으로 농구 연습을 많이 하고 싶어요.

이름	유미
무슨 운동	농구
어떻게	옛날: 거의 매일 농구를 합니다. 요즘: 농구를 자주 봅니다.

읽고 말하기

1. 다음을 읽고 질문에 답하세요.

회사에 다닐 때 옷차림은 중요합니다. 우리 회사에서는 정장을 입지 않아도 됩니다. 그렇지만 너무 캐주얼한 옷도 안 됩니다. 사무실 직원들은 보통 셔츠에 바지나 치마를 입습니다. 그리고 어두운 색 구두를 신습니다. 현장 직원들은 작업복을 입습니다. 회사 안에서 너무 짧은 옷을 입거나 슬리퍼를 신으면 안 됩니다.

(1) 회사에서 입으면 안 되는 옷을 고르세요. (답:)

① 

② 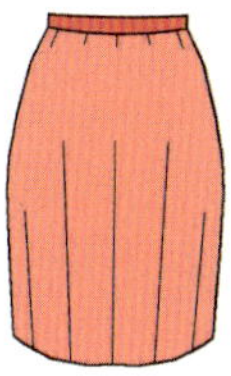

③ 

④ 

(2) 여러분은 어떤 스타일의 옷을 좋아합니까? 일상생활에서 입는 옷과 회사에 다닐 때 입는 옷이 다릅니까? 이야기해 보세요.

(3) 회사에서 정한 옷차림 규정이 있습니까? 이야기해 보세요.

2. [보기]와 같이 이야기해 보세요.

[보기]

남: 다음 주에 사내 잡지 인터뷰를 해요.
사진도 찍어요. 무슨 옷을 입을까요? 정장이 좋을까요? 아니면 캐주얼한 옷을 입을까요?

여: 정장이 좋겠어요! 하늘색 셔츠를 입는 게 어때요?

남: 넥타이를 맬까요?

여: 넥타이는 하지 않는 게 좋겠어요. 그런데 시계는 꼭 차세요.

결정해야 할 것	선택1	메모	선택2	메모
인터뷰할 때 옷차림	☑ 정장	하늘색 셔츠 넥타이 X 시계	□ 캐주얼	
직업	□ 힘들고 돈을 많이 버는 일		□ 편하고 돈을 적게 버는 일	
이사할 집	□ 회사에서 멀고 넓은 집		□ 회사에서 가깝고 좁은 집	
집들이 선물	□ 장식품		□ 실용품	
회식 장소	□ 식당이 좁고 불편하지만 음식 맛이 좋은 곳		□ 식당이 넓고 편하지만 음식 맛이 덜한 곳	
	□		□	

읽고 쓰기

1. 다음을 읽고 질문에 답하세요.

저는 인터넷 쇼핑을 자주 해요. 오프라인보다 온라인에 물건이 더 많고, 상품평을 확인하는 것도 쉬워요.

하지만 구두는 꼭 가게에 가서 신어 본 후에 사요. 왜냐하면 구두는 발에 잘 맞아야 하기 때문이에요. 구두가 발에 안 맞으면 하루 종일 피곤해요.

(1) 이 사람은 어디에서 물건을 자주 사요? 왜 그것을 자주 이용해요?

(2) 이 사람은 구두를 살 때 어떻게 사요? 왜 그렇게 사요?

2. 다음 물건을 살 때 주로 이용하는 방법, 사기 전에 고민하는 것을 생각하고 그 이유를 써 보세요.

옷	음식	휴대 전화
신발	책	선물
액세서리	컴퓨터	오토바이, 자동차

새 어휘

응원하다	슬리퍼	오프라인
친해지다	장식품	온라인
스트레스가 풀리다	실용품	
직접	덜하다	

10 비가 많이 오고 바람도 심하게 불어요

학습 목표

- 날씨에 대해 이야기할 때 사용하는 문법과 어휘를 사용할 수 있다.
- 회사 사람들과 날씨에 대해 함께 이야기를 할 수 있다

어휘: 계절, 날씨

문법: -(으)ㄴ/는/-(으)ㄹ 것 같다, -어지다/아지다

듣고 말하기

태 수: 프엉 씨, 아까부터 인터넷이 잘 안 되네요. 이상하다.

프 엉: 비가 와서 그런 것 같아요.

태 수: 와! 정말 비가 억수같이 내리네요. 바람도 많이 불고.

프 엉: 며칠 너무 더웠는데 좀 시원해질 것 같아요.

태 수: 저는 우산이 없는데 혹시 우산을 가지고 왔어요?

프 엉: 네. 저한테 두 개 있으니까 하나 빌려 줄게요.

억수같이	혹시	억수같이[억쑤가치]
며칠	빌리다/빌려주다	

1. 말해 보세요.

[보기]	태수	프엉
	비가 와서 그런 것 같아요.	좀 시원해질 것 같아요.

(1) 바람이 많이 불다 — 앞으로 점점 춥다

(2) 오늘 기온이 높다 — 이제 점점 덥다

2. 동료들과 날씨 이야기를 많이 합니까? 그때 어떻게 말합니까? 이야기해 보세요.

3. 다음을 듣고 들은 내용과 같으면 O, 다르면 X 하세요.

(1) 밖에 비가 많이 내립니다. (○ , ×)

(2) 태수는 프엉 씨한테 우산을 빌려 주었습니다. (○ , ×)

4. 다음을 듣고 빈칸에 들어갈 말을 쓰세요.

(1) 태수: 프엉 씨, 아까부터 인터넷이 __________ . 이상하다.

프엉: 비가 와서 __________ .

(2) 태수: 와! 정말 비가 __________ . 바람도 많이 불고.

프엉: 며칠 너무 더웠는데 좀 __________ .

(3) 태수: 저는 우산이 없는데 혹시 우산을 __________ ?

프엉: 네. 저한테 두 개 있으니까 하나 __________ .

5. 다음을 듣고 이어지는 말을 고르세요.

(1) (답:)

① PC방은 비싼 것 같아요.
② 비가 와서 그런 것 같아요.
③ 지금 비가 그친 것 같아요.
④ 지금 인터넷을 하는 것 같아요.

(2) (답:)

① 네. 지금 비가 와요.
② 네. 저 하나 빌려 주세요.
③ 네. 아침에 가지고 왔어요.
④ 네. 이제 더워질 것 같아요.

6. 다음을 듣고 메모하세요.

	날씨
다낭	오전에
호찌민	오늘
하노이	낮

7. 여러분은 실수한 경험이 있습니까? [보기]와 같이 이야기해 보세요.

[보기]

가 : 투안 씨는 어떤 날씨를 좋아해요?

나 : 저는 낮에 덥지 않은 겨울 날씨를 좋아해요. 유미 씨는요?

가 : 저는 따뜻한 한국의 봄 날씨를 좋아해요. 베트남의 겨울은 춥지 않아서 한국의 봄 같아요.

나 : 한국은 겨울에 많이 추울 것 같아요.

가 : 네, 눈도 많이 오고 기온도 낮아서 추워요.

나 : 그렇군요. 이제 베트남도 겨울이 끝나면 더워질 거예요.

	날씨와 계절	나	동료
1	어떤 날씨를 좋아해요? 어느 계절을 좋아해요?		
2	왜 그 날씨를 좋아해요? 그 계절은 어때요?		

읽고 말하기

1. 다음을 읽고 질문에 답하세요.

제 고향은 호찌민입니다. 호찌민은 20년 사이에 정말 많이 달라졌습니다. 제가 어렸을 때 시클로를 많이 탔습니다. 하지만 이제 시클로는 많이 없어졌습니다. 그리고 집 앞에 대형마트가 생겼습니다. 시장보다 마트에 가는 사람들이 많아졌습니다. 그리고 아파트 단지 앞에 편의점도 생겼습니다. 편의점은 계속 많아질 것 같습니다. 도시가 많이 발전했습니다. 하지만 물가도 많이 비싸졌습니다. 변화는 빨라지고 있습니다. 하지만 가끔은 예전의 모습이 그립습니다.

(1) 윗글의 제목으로 어울리는 것은 무엇입니까? (답:)

① 고향의 변화 ② 베트남의 물가
③ 시장과 마트의 차이 ④ 베트남의 교통

(2) 문서의 내용과 같은 것은 무엇입니까? (답:)

① 이 사람의 고향은 호찌민에서 멉니다.
② 물가는 예전과 별로 다르지 않습니다.
③ 앞으로 편의점이 더 생길 것 같습니다.
④ 지금 시클로를 타는 사람들이 많아졌습니다.

2. 여러분의 고향은 어떻게 달라졌습니까? [보기]와 같이 이야기해 보세요.

[보기]

가: 어렸을 때하고 지금 고향이 어떻게 달라졌어요?

나: 제가 어렸을 때는 큰 빌딩이 없었는데 지금은 많아졌어요.

가: 그렇군요. 제 고향은 물가가 비싸졌어요.

나: 그래요? 제 고향도 그런 것 같아요. 그리고 사람이 많아졌어요. 그래서 시끄러워졌어요.

가: 맞아요. 정말 많이 달라졌어요.

	나	동료
[보기] 고향	큰 빌딩이 많아졌어요.	물가가 비싸졌어요.

읽고 쓰기

1. 다음은 하노이의 2월 날씨와 옷차림에 대한 글입니다. 읽고 이야기해 보세요.

베트남 하노이 2월 날씨

하노이의 2월 평균 최저기온은 15℃, 평균 최고기온은 20℃로 한국의 봄가을 날씨와 비슷합니다. 일교차는 평균 5℃로 크지 않습니다. 평균 강수량은 26.2mm로 적고, 강수일수는 평균 11.3일입니다.

2월 옷차림

보통 한 달에 열흘 이상 비가 내리지만 강수량은 적습니다. 가볍고 작은 우산 하나를 휴대하는 게 좋습니다. 낮 기온이 한국의 봄가을과 비슷하고 일교차가 크지 않아서 여행하기에 좋습니다.

(1) 무엇에 대한 글입니까?

(2) 하노이의 2월 기온은 어떻습니까?

(3) 하노이의 2월은 비가 많이 옵니까?

(4) 2월에 하노이 여행은 어떻습니까?

2. 휴대폰으로 지금 여러분이 사는 곳의 날씨를 찾아봅시다. 그리고 날씨와 옷차림에 대해 글을 써 보세요.

새 어휘

올라가다	변화	강수량
비슷하다	예전	일교차
씨클로	모습	강수일수
아파트 단지	평균	대하다
편의점	최고기온	가을철
물가	최저기온	

11 무이네에 가기로 했어요

학습 목표

- 장소를 나타내는 어휘를 사용하여 표현할 수 있다.
- 미래에 할 일이나 계획을 표현할 수 있다.

어휘: 장소의 특징, 장소의 묘사

문법: -기로 하다, -(으)ㄹ까 하다

듣고 말하기

유 미: 투안 씨, 휴가 계획을 세웠어요? 저는 이번 연휴에 무이네에 가기로 했어요.

투 안: 남쪽으로 가네요. 무이네는 자연이 아름다워요. 특히 사막으로 유명해요.

유 미: 맞아요. 사진에서 봤어요. 투안 씨는 고향에 갈 거예요?

투 안: 글쎄요. 일정이 맞지 않아서 못 갈 것 같아요. 그냥 집에서 쉴까 해요.

유 미: 투안 씨 고향이 좀 멀지요? 이번 휴가가 짧아서 갔다 오기가 어렵겠네요.

투 안: 그러게요. 휴가 즐겁게 보내고 오세요.

휴가	특히	…(으)로 유명하다	짧아서[짤바서]
계획을 세우다	사막	글쎄요	짧다[짤따]
연휴	일정이 맞다	그러게요	
무이네(Mũi Né)	갔다 오다		

1. 말해 보세요.

[보기]	유미	투안
	휴가, 무이네	남쪽, 자연이 아름답다, 사막이 유명하다

(1) 명절, 달랏   동남쪽, 산, 와인

(2) 연휴, 태국   동남아, 사람들이 친절하다, 싸고 맛있는 음식

2. 새로 세운 계획이 있어요? 이야기해 보세요.

3. 다음을 듣고 들은 내용과 같으면 O, 다르면 X 하세요.

(1) 유미는 무이네에 다녀오기로 했어요. (○ , ×)

(2) 투안은 휴가 때 일을 할 거예요. (○ , ×)

4. 다음을 듣고 빈칸에 들어갈 말을 쓰세요.

(1) 유미: 투안 씨, 휴가 계획을 ________?
저는 이번 ________ 무이네에 ________.
투안: ________ 가네요. 무이네는 자연이 ________.
특히 사막으로 ________.

(2) 유미: 맞아요. ________ 봤어요. 투안 씨는 고향에 갈 거예요?
투안: 글쎄요. ________ 못 갈 것 같아요.
그냥 집에서 ________.

(3) 유미: 투안 씨 고향이 좀 ________? 이번 휴가가 ________ 갔다 오기가 어렵겠네요.
투안: ________. 휴가 ________ 오세요.

5. 다음을 듣고 이어지는 말을 고르세요.

(1) (답:)

① 네. 사람이 많아요.
② 네. 경치가 좋아요.
③ 아니요. 전통적이에요.
④ 아니요. 버스가 별로 없어요.

(2) (답:)

① 노래를 잘해요.
② 저하고 같이 할래요?
③ 장기자랑에 나갈까 해요.
④ 아직 결정하지 못했어요.

6. 다음을 듣고 질문에 답하세요.

(1) 두 사람은 무엇에 대해 이야기하고 있습니까? (답:)

① 고향 ② 건물

③ 역사 ④ 인구

(2) 들은 것과 같은 것은 무엇입니까? (답:)

① 서울은 역사가 짧습니다.

② 서울에는 사람이 적습니다.

③ 서울은 옛날과 지금 모습이 비슷합니다.

④ 서울에서 전통적인 건물을 볼 수 있습니다.

7. 여러분의 고향은 어떤 곳입니까? [보기]와 같이 이야기해 보세요.

[보기] 제 고향은 하노이입니다. 베트남 북쪽에 있습니다. 하노이는 베트남의 수도입니다. 역사가 오래돼서 옛날 왕궁을 볼 수 있습니다. 요즘 하노이는 아주 빠르게 발전하고 있습니다. 새로운 건물이 여기저기에서 생깁니다. 하노이는 여름에 비가 많이 오고 겨울에 건조합니다. 여름은 아주 덥습니다. 겨울은 별로 춥지 않습니다.

이름	나	
고향	하노이	
어떤 곳	베트남 북쪽, 수도, 역사가 오래되다, 옛날 왕궁이 있다, 빨리 발달하다, 여름 - 비가 많이, 덥다 겨울 - 건조, 안 춥다	

읽고 말하기

1. 다음을 읽고 같으면 ○, 다르면 × 하세요.

치앙마이는 태국 북쪽에서 가장 큰 도시입니다. 자연이 아름답고 사람들이 친절합니다. 치앙마이는 인구가 적은데, 관광객이 많습니다. 여행객들은 보통 택시를 타거나 스쿠터를 빌려서 탑니다. 치앙마이에서 코끼리를 직접 만져 보고 같이 놀 수 있습니다. 치앙마이는 싸고 맛있는 음식으로 유명합니다. 밥, 국수, 과일, 빵 등과 같이 음식이 아주 다양합니다.

저는 이번 휴가 때 치앙마이를 여행하기로 했습니다.

(1) 태국 북쪽에 치앙마이가 있습니다. (○ , ×)

(2) 치앙마이를 여행하는 사람들이 많습니다. (○ , ×)

(3) 치앙마이에서 대중교통을 자주 이용합니다. (○ , ×)

(4) 치앙마이에서 음식을 싸게 살 수 있습니다. (○ , ×)

(5) 치앙마이 음식을 종류가 많지 않습니다. (○ , ×)

(6) 나는 휴가 때 치앙마이에 다녀왔습니다. (○ , ×)

2. 언제, 무엇을 할 거예요? 혼자의 생각을 먼저 말하고 함께 약속을 만들어 보세요.

[보기]

기태: 짱 씨, 주말에 뭐 하기로 했어요?

짱: 친구를 만날까 해요.

기태: 약속했어요?

짱: 아니요. 아직 연락 안 했어요.

기태: 그럼, 저한테 콘서트 표가 있는데 같이 갈래요? 짱 씨가 좋아하는 가수 뚜언홍 콘서트예요.

짱: 정말요? 제가 가도 돼요?

기태: 그럼요. 토요일 5시에 만나기로 해요.

언제	생각	약속
주말	친구를 만나다	콘서트에 가다 토요일 5시에 만나다
이번 주말		
퇴근 후		
휴가		
명절		
새해		
발표 전		
승진 시험 전		

읽고 쓰기

1. 다음을 읽고 질문에 답하세요.

저는 도시에서 살고 있습니다. 도시는 편리한 것이 많습니다. 재미있는 것이 많습니다. 필요한 것이 있으면 쉽게 구할 수도 있습니다. 교통도 편리합니다. 도시에서 사는 것은 장점이 많습니다.

하지만 단점도 많습니다. 도시는 항상 시끄럽습니다. 밤에도 낮 같습니다. 가끔 집 밖에서 밤늦게까지 사람들이 시끄럽게 떠듭니다. 도시는 교통이 편리하지만 복잡합니다. 출퇴근 시간에는 차가 밀립니다. 그래서 매일 2시간씩 버스를 타고 다닙니다. 또한 공기도 좋지 않습니다. 차에서 나오는 매연, 건물을 지을 때 생기는 먼지가 많습니다. 사람들은 마스크를 쓰고 다닙니다.

저는 자연이 아름답고 사람이 별로 없는 시골에서 살고 싶습니다. 회사가 시골로 이사를 가면 좋겠습니다.

(1) 윗글에서 말한 도시의 장점과 단점을 정리해 보세요.

도시의 장점	도시의 단점

(2) 이 사람이 바라는 것이 무엇인지 찾아보세요.

2. 여러분이 살고 있는 곳은 어디입니까? 어떻습니까? 그곳의 특징, 장점과 단점을 생각하고 글을 써 보세요.

이름	
특징	
장점	
단점	

새 어휘

왕궁	스쿠터(scooter)	다양하다	차가 밀리다
건조하다	빌리다	대중교통	매연
관광객	코끼리	약속하다	먼지
여행객	… 등(等)	장점 ↔ 단점	마스크

12 기분이 좋아 보여요

학습 목표

- 여행과 감정에 관련된 어휘를 익히고 표현할 수 있다.
- 짐작과 발견한 내용을 표현할 수 있다.

어휘: 여행, 감정

문법: -어/아 보이다, -(으)니까[2]

듣고 말하기

프 엉: 유미 씨, 기분이 좋아 보여요. 무슨 생각을 하고 있어요?

유 미: 여행 생각을 하고 있었어요.

프 엉: 맞다. 이번 휴가 때 무이네에 가지요? 표를 샀어요?

유 미: 네. 지난 주말에 여행사에 가서 비행기 표를 예매하고 숙소도 예약했어요.

프 엉: 여행사요? 인터넷이 더 싸지 않아요?

유 미: 인터넷을 찾아보니까 정보가 너무 많아서 복잡했어요. 여행사에 가니까 궁금한 것을 바로 물어볼 수 있어서 좋았어요. 비행기 표도 별로 비싸지 않았어요.

예매하다	복잡하다	별로 -지 않다
예약하다	궁금하다	예약했어요[예야캐써요]
정보	바로	복잡했어요[복짜패써요]

1. 말해 보세요.

[보기]	프엉	유미
	기분이 좋다 / 이번 휴가, 무이네에 가다	여행 생각

(1) 슬프다 / 오랫동안, 고향에 못 가다 — 가족 생각

(2) 힘들다 / 다음 주, 프레젠테이션이 있다 — 발표 생각

2. 동료의 기분이 어때요? 얼굴을 보고 이야기해 보세요.

3. 다음을 듣고 들은 내용과 같으면 O, 다르면 X 하세요.

(1) 유미는 여행사에서 여행 정보를 들었습니다. (○ , ×)

(2) 유미는 인터넷으로 비행기 표를 예매했습니다. (○ , ×)

4. 다음을 듣고 빈칸에 들어갈 말을 쓰세요.

(1) 프엉: 유미 씨, 기분이 ____________. 무슨 생각을 하고 있어요?

유미: ____________________.

(2) 프엉: 맞다. 이번 휴가 때 무이네에 가지요? ____________?

유미: 네. 지난 주말에 여행사에 가서 비행기 표를 ____________ 숙소도 ____________.

(3) 프엉: 여행사요? 인터넷이 더 ____________?

유미: 인터넷을 ____________ 정보가 너무 많아서 ____________. 여행사에 가니까 ____________을 ____________ 물어볼 수 있어서 좋았어요. 비행기 표도 ________ 비싸지 않았어요.

5. 다음을 듣고 이어지는 말을 고르세요.

(1) (답:)

① 소개팅을 하려고 해요.
② 거기에 사람이 별로 없었어요.
③ 회사 근처 커피숍에서 만났어요.
④ 직접 만나 보니까 친절한 사람이었어요.

(2) (답:)

① 기분이 좋아 보이네요.
② 저는 요즘 시간이 많아요.
③ 전 운동을 하니까 풀렸어요.
④ 그건 좋은 방법이 아니에요.

6. 다음을 듣고 질문에 답하세요.

(1) 남자의 이야기와 같은 것은 무엇입니까? (답:)

① 출장을 다녀와서 일이 많습니다.

② 김 대리하고 같이 일하러 갈 겁니다.

③ 숙소하고 교통편을 알아보고 있습니다.

④ 한국어를 잘 몰라서 여자한테 물어봤습니다.

(2) 남자는 무엇을 걱정하고 있습니까?

7. 여러분은 일할 때 한국어를 자주 사용합니까? [보기]와 같이 이야기해 보세요.

[보기] 저는 출장을 자주 다닙니다. 제가 만나는 사람들은 대부분 한국 사람입니다. 그래서 회의와 계약, 모두 한국말로 합니다.

처음에는 선배하고 같이 다녔는데 요즘에는 저 혼자 다닐 때도 많습니다. 이제 한국말로 회의하는 것은 별로 어렵지 않습니다. 하지만 숫자가 나오면 긴장합니다. 숫자를 실수하면 큰일이 납니다. 그래서 저는 들으면서 메모를 합니다. 거래처와 메모를 확인하면서 이야기하니까 실수가 적어졌습니다.

이름	나	동료
언제	출장, 한국 사람과 회의, 계약	
고민	숫자, 긴장	
해결 방법	메모	

읽고 말하기

1. 다음을 읽고 질문에 답하세요.

친한 외국인 친구가 한국에 오면 무엇을 함께 하고 싶습니까? 한국 사람들에게 물어봤습니다. 길거리 음식 체험이 1위, 찜질방이 2위로 나타났습니다. 한복을 입고 고궁을 다니며 사진을 찍는 것도 인기가 많았습니다. 그리고 '치맥' 문화를 즐기는 일도 외국인 친구와 함께 하고 싶은 일이었습니다.

외국인에게 소개해
주고 싶은 한국 문화는?

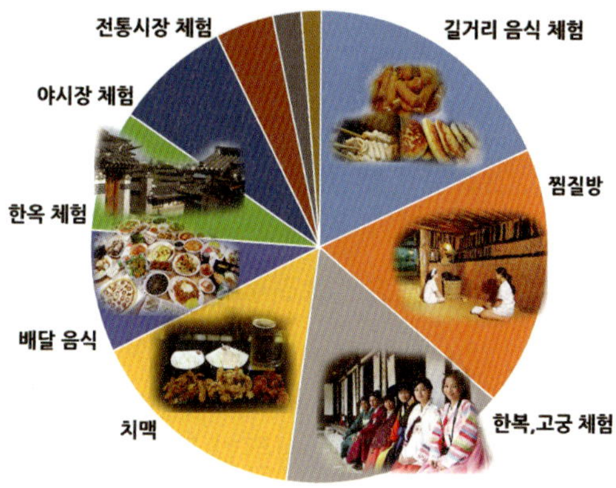

(1) 무슨 질문을 했습니까? (답:)

① 외국인 친구와 무엇을 경험하고 싶어요?
② 외국인 친구가 무슨 한국 문화를 좋아해요?
③ 한국 사람들이 여행할 때 무엇을 많이 해요?
④ 한국 사람들한테 인기가 많은 관광지가 어디예요?

(2) 여러분은 무엇을 제일 하고 싶습니까? 이야기해 보세요.

(3) 친구가 베트남에 오면 함께 무엇을 할 겁니까? 이야기해 보세요.

2. [보기]와 같이 이야기해 보세요.

[보기]

고민지: 로안 씨, 한국 출장 준비는 다 됐어요?

로　안: 네. 그런데 한국 날씨를 잘 몰라서 아직 짐을 못 쌌어요.

고민지: 지금이 9월이니까 아침과 저녁에는 조금 추울 수 있어요. 하지만 낮에는 따뜻해요. 짧은 옷하고 긴 옷을 챙기세요.

로　안: 알겠어요. 한국에서 뭘 조심해야 해요?

고민지: 길거리에서 담배를 피우면 안 돼요. 공공장소에서 담배를 피우면 문제가 돼요.

로　안: 그래요? 알려줘서 고맙습니다.

이름	여행지/방문할 곳	준비할 것	주의할 것
로안	한국	긴 옷, 짧은 옷	공공장소에서 금연
	친구 집		
	거래처		

읽고 쓰기

1. 글을 읽고 같으면 ○, 다르면 × 하세요.

이번 봄에 가족 여행을 하려고 합니다. 한국 제주도에 갈 거예요. 저는 출장으로 한국에 몇 번 다녀왔지만 부모님은 해외여행이 처음입니다. 제주도에 들어갈 때 비자가 없어도 됩니다. 그래서 여권만 준비하면 됩니다.

얼마 전에 부모님하고 같이 사진관에 가서 여권 사진을 찍고 여권을 신청했습니다. 지난주에 여권이 나왔습니다. 어머니가 아주 기뻐하셨습니다. 아버지도 기분이 좋아 보였습니다.

저는 비행기하고 숙소를 예약했습니다. 우리가 타는 비행기는 호찌민을 출발해서 홍콩을 지나 제주도로 들어갑니다.

부모님은 요즘 한국 드라마를 열심히 봅니다. 저한테 한국 질문도 많이 합니다. 우리는 매일 한국 이야기를 합니다. 부모님하고 같이 가는 여행이 기대되고 설렙니다.

(1) 부모님은 외국 여행을 처음 합니다. (○ , ×)

(2) 호찌민에서 제주도로 바로 가는 비행기를 탑니다. (○ , ×)

(3) 부모님이 한국에 관심이 많습니다. (○ , ×)

(4) 어머니가 숙소와 비행기를 예약했습니다. (○ , ×)

2. 동료와 함께 여행 계획을 세우고 발표해 보세요.

누구하고 같이 (팀원 이름:)	여행지

일정	숙소	교통편

여행지에서 할 일	준비할 것
☐ ☐ ☐ ☐	☐ ☐ ☐ ☐

새 어휘

소개팅	체험	해외여행
직접	1위, 2위	비자(visa)
스트레스가 풀리다	즐기다	지나다
계약(을 하다)	챙기다	기대되다

13 감기에 걸려서 콧물이 나요

학습 목표

- 병의 증상과 관련된 어휘를 사용하여 말할 수 있다.
- 의사에게 병의 증상에 대해 말할 수 있다.

어휘: 진료, 병의 증상

문법: -(으)ㄴ데요/는데요, -(으)ㄴ가요/나요

듣고 말하기

의 사: 어디가 불편하세요?

투 안: 머리가 아파서 왔는데요. 콧물도 나요.

의 사: 자, 입을 '아~'하고 벌려 보세요. 목이 부었네요. 기침도 하나요?

투 안: 네. 기침도 하고 숨 쉬기가 불편해요.

의 사: 감기에 심하게 걸렸네요. 며칠 약을 먹고 푹 쉬세요. 약은 하루 세 번, 식후에 드세요.

투 안: 네, 알겠습니다.

- 입을 벌리다
- 숨(을) 쉬다
- 심하다
- 푹
- 목이 붓다
- 식후
- 왔는데요[완는데요]
- 콧물[콘물]
- 부었네요[부언네요]
- 걸렸네요[걸렌네요]
- 식후에[시쿠에]

1. 말해 보세요.

[보기]	의사	투안
	기침을 하다	기침을 하다/숨 쉬기가 불편하다

(1) 복통이 있다 — 복통이 있다/허리가 아프다

(2) 몸살이 나다 — 몸살이 나다/힘이 없다

2. 여러분은 어디가 아파요? 증상을 이야기해 보세요.

3. 다음을 듣고 들은 내용과 같으면 O, 다르면 X 하세요.

(1) 환자는 두통이 있습니다. (○ , ×)

(2) 환자는 식사 후에 약을 먹어야 합니다. (○ , ×)

4. 다음을 듣고 빈칸에 들어갈 말을 쓰세요.

(1) 의사: 어디가 ____________?

투안: 머리가 아파서 왔는데요. ____________.

(2) 의사: 자, 입을 '아~'하고 벌려 보세요. ____________.

기침도 하나요?

투안: 네. 기침도 하고 ____________.

(3) 의사: 감기에 ____________.

며칠 약을 먹고 ____________.

약은 하루 세 번, ________ 드세요.

투안: 네, 알겠습니다.

5. 다음을 듣고 이어지는 말을 고르세요.

(1) (답:)

① 저는 안 먹었는데요.

② 삼 일 후에 다시 오세요.

③ 하루에 세 번, 식후에 드세요.

④ 약을 세 번 처방해 드리겠습니다.

(2) (답:)

① 어제 시작됐어요.

② 오늘부터 기침이 나요.

③ 아침에 콧물까지 났어요.

④ 열도 나고 몸살도 났어요.

6. 들은 것과 같은 것은 무엇입니까? (답:)

① 의사는 환자에게 약을 줬습니다.

② 병원은 3일 후 저녁에도 문을 엽니다.

③ 환자는 병원에 토요일에 오려고 합니다.

④ 환자는 3일 전부터 약을 먹고 있었습니다.

7. 병원에 가서 의사와 어떤 이야기를 합니까? [보기]와 같이 이야기해 보세요.

[보기]

의사: 어디가 불편하세요?

환자: 요즘 잠을 못 자서 두통이 심해요.

의사: 예전에도 불면증이 있었어요?

환자: 아니요. 예전에는 침대에 누우면 10분 후에 잠을 잤는데 요즘은 스트레스를 받아서 그런 것 같아요.

의사: 그럼 두통약을 처방해 드릴게요. 머리가 아프면 약을 드세요. 그리고 자기 전에 가벼운 운동을 해 보세요.

	환자	의사
[보기]	잠을 못 자서 두통이 심해요. 스트레스를 받았어요.	두통약을 드세요. 가벼운 운동을 하세요.

읽고 말하기

1. 다음을 읽고 질문에 답하세요.

예방 접종 안내

베한전자 가족 여러분 안녕하십니까?
우리 회사에서는 예방 접종을 다음과 같이 실시합니다.
예방 접종을 받고 싶은 직원은 총무부로 연락주시기 바랍니다.
많은 직원들의 관심을 부탁드립니다.

◇ 언제: 11월 2일 오전 10:00 ~ 오후 18:00
◇ 어디에서: 1층 휴게실
◇ 신청 방법: 10월 31일까지 담당자 프엉에게 연락해 주세요.
이메일 phung@viehan.com
전화 063-273-2986
◇ 예방 접종을 하고 싶으면 먼저 신청해야 합니다.
신청하지 않으면 주사를 준비하지 못합니다.

(주) 베한전자 총무부

(1) 10월 31일에 예방 접종을 합니다. (○ , ×)

(2) 회사 일 층에서 예방 접종을 합니다. (○ , ×)

(3) 신청하지 않으면 주사를 맞지 못합니다. (○ , ×)

(4) 예방 접종을 하고 싶은 사람은 프엉한테 연락해야 합니다. (○ , ×)

2. 여러분은 지금까지 어떤 병에 걸렸어요? 가족 중에서 크게 아픈 사람이 있었나요? [보기]와 같이 이야기해 보세요.

[보기]

가: 저는 고등학생 때 교통사고가 나서 다리를 다쳤어요.

나: 병원에 입원했어요?

가: 네. 입원해서 수술하고 치료를 했어요. 그리고 한 달 후에 퇴원했어요.

나: 많이 힘들었겠네요.

가: 저보다 저를 간호한 어머니가 더 힘들었지요.

이름	나	동료
언제였어요?	고등학생 때	
무슨 병이었어요?	교통사고가 나서 다리를 다쳤어요.	
어떻게 치료했어요?	입원해서 수술하고 치료했어요. 한 달 후에 퇴원했어요.	
어땠어요?	어머니가 힘들었어요.	

읽고 쓰기

1. 다음을 읽고 질문에 답하세요.

병원 안내

우리 병원을 찾아와 주셔서 감사합니다. 병원에 오시면 먼저 접수를 해야 합니다. 우리 병원에 처음 오신 분은 접수할 때 이름과 연락처, 주민등록번호를 말씀해 주세요. 그다음에 환자의 이름을 부르면 진료실에 들어가서 의사의 진찰을 받으시면 됩니다. 진료가 끝나면 다음에 올 시간을 예약하고 진료비를 계산해 주세요. 그 후에 처방전을 가지고 약국에 가세요. 우리 병원 주차비는 무료입니다. 감사합니다.

(1) 병원에 오면 먼저 무엇을 해야 합니까? 그 다음에는요? 순서대로 번호를 써 보세요. (답: ③ → → →)

①

②

③

④

(2) 윗글의 내용과 같은 것은 무엇입니까? (답:)

① 약을 사러 갈 때 처방전이 필요합니다.

② 먼저 약국에서 약을 사고 그후에 주차비를 계산합니다.

③ 병원에서 먼저 연락을 하면 다음 진료를 예약할 수 있습니다.

④ 병원에 가면 항상 이름, 주민등록번호, 연락처를 말해야 합니다.

2. 병원에 가서 먼저 무엇을 했습니까? 그 후에 어떻게 했습니까? 병원에 다녀온 경험을 써 보세요.

저는 병원에 다녀왔습니다. 병원에 가서 먼저

새 어휘

두통이 심하다	주민등록번호	계산하다
예전	진료실	주차비
교통사고가 나다	진찰을 받다	순서대로
다치다	진료비	경험

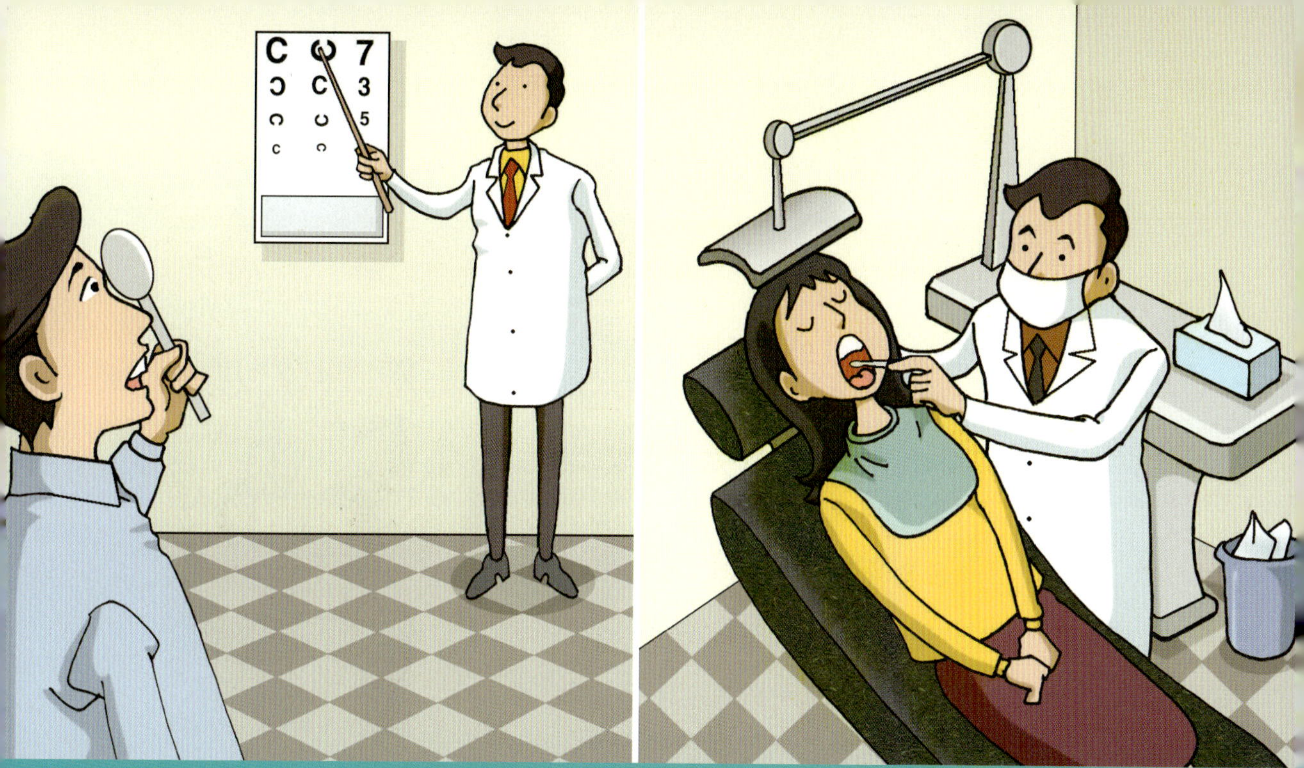

14 일찍 들어가는 게 어때요?

학습 목표

- 병원의 진료 과목과 병가에 대한 어휘를 말할 수 있다.
- 제안이나 조언 등 자기의 생각을 질문의 형태로 말할 수 있다.
- 양보를 나타내는 표현을 말할 수 있다.

어휘: 병원 진료 과목, 병가

문법: -는 게 어때요, -어도/아도

듣고 말하기

정세아: 투안 씨, 얼굴이 아주 안 좋아 보여요. 양호실에 다녀왔어요?

투 안: 네, 대리님. 약을 먹어도 효과가 별로 없는 것 같아요. 머리가 많이 아파요.

정세아: 오늘은 일찍 들어가는 게 어때요?

투 안: 그럼 저…, 조퇴해도 될까요?

정세아: 그럼요. 조퇴 신청서를 작성해서 과장님께 제출하세요. 아마 허락해 주실 거예요.

투 안: 그렇게 하겠습니다. 고맙습니다.

양호실	허락하다	허락해[허라캐]
효과가 없다	일찍 들어가다	그렇게[그러케]

1. 대화를 바꿔 말하세요.

[보기] 투안 / 머리가 많이 아프다 — 정세아 / 일찍 들어가다

(1) 체해서 식은땀이 나다 — 약을 먹다

(2) 치통이 심하다 — 치과에 다녀오다

2. 직장 상사에게 허락을 받아야 합니다. 이야기해 보세요.

3. 다음을 듣고 들은 내용과 같으면 O, 다르면 X 하세요.

(1) 투안 씨는 아직 약을 먹지 않아서 많이 아픕니다. (○ , ×)

(2) 투안 씨는 오늘 조퇴를 하고 싶습니다. (○ , ×)

4. 다음을 듣고 빈칸에 들어갈 말을 쓰세요.

(1) 정세아: 투안 씨, 얼굴이 아주 ______________.
______________ 다녀왔어요?

투 안: 네, 대리님. 약을 먹어도 ______________ 없는 것 같아요.
머리가 많이 아파요.

(2) 정세아: 오늘은 ______________ 들어가는 게 어때요?

투 안: 그럼 저…, ______________ 될까요?

정세아: 그럼요.

(3) 정세아: 조퇴 신청서를 ______________ 과장님께 제출하세요.
아마 ______________ 거예요.

투 안: ______________ 하겠습니다. 고맙습니다.

5. 다음을 듣고 이어지는 말을 고르세요.

(1) (답:)

① 네. 이미 직원들이 다 모였어요.
② 그럼요. 그 전에 회의를 해야 돼요.
③ 아니요. 얼굴이 정말 안 좋아 보여요.
④ 미안해요. 오늘 회의는 정말 중요해요.

(2) (답:)

① 저는 조퇴할까 해요.
② 과장님께 드리는 게 어때요?
③ 조퇴 신청서 작성을 해 보세요.
④ 제출하려고 했지만 자리에 안 계세요.

6. 들은 것과 다른 것은 무엇입니까? (답:)

① 약은 모두 500원입니다.

② 약사는 알약과 물약을 줬습니다.

③ 환자는 먼저 병원에 다녀왔습니다.

④ 환자는 처방전을 약사에게 줬습니다.

7. 약국에 가서 약사와 어떤 이야기를 합니까? [보기]와 같이 이야기해 보세요.

[보기]

약사: 약 나왔습니다. 머리가 많이 아프신 것 같네요.

환자: 네. 불면증이 심해져서 두통이 생겼어요. 하루에 몇 번 먹어요?

약사: 이 두통약은 너무 많이 드시면 위험합니다. 머리가 아주 많이 아플 때만 드세요. 하루에 두 번까지 먹어도 됩니다.

환자: 네, 알겠습니다. 감사합니다.

	무슨 약이에요?	어떻게 먹어요?
[보기]	두통약	머리가 아주 많이 아플 때만 먹어요. 하루에 2번까지 먹어도 돼요.

읽고 말하기

1. 다음은 약국에서 받은 약 봉투입니다. 다음을 읽고 질문에 답하세요.

> **내 복 약**
>
> **투안** 님
>
> **1일 3 회 3 일분**
>
> ☑ 아침 ☑ 점심 ☑ 저녁
>
> ☑ 식후 30분 ☐ 식전 30분 ☐ 취침전
>
> **8 월 14 일**
>
> **새 별 약 국**
>
> **약사 안정미**
>
> **T.02-123-4567**

(1) 위의 내용을 보고 알 수 없는 내용은 무엇입니까? (답:)

① 약국이 어디에 있습니까?

② 약을 언제 먹어야 합니까?

③ 약을 먹을 사람이 누구입니까?

④ 약을 하루에 몇 번 먹어야 합니까?

(2) 위의 내용과 같으면 ○, 다르면 × 하세요.

① 이 약은 식사 전에 먹어야 합니다. (○ , ×)

② 안정미 씨가 이 약을 만들었습니다. (○ , ×)

2. 여러분은 어떤 고민이 있나요? 다른 사람에게 물어 보세요. 다른 사람의 고민을 듣고 조언해 주세요.

[보기]

나: 요즘 불면증이 있어요. 늦은 밤이 되어도 잠이 안 와요.
어떻게 하면 좋을까요?

프엉: 가벼운 운동을 하는 게 어때요?

짱: 밤에 따뜻한 우유를 마시는 게 어때요?

투안: 자려고 하지 말고 책을 읽는 게 어때요?

[보기]

나의 고민: 요즘 불면증이 있어요. 밤이 늦어도 잠이 안 와요.

이름	-는 게 어때요?
프엉	가벼운 운동을 하는 게 어때요?
짱	밤에 따뜻한 우유를 마시는 게 어때요?
투안	자려고 하지 말고 책을 읽는 게 어때요?

나의 고민:

이름	-는 게 어때요?

읽고 쓰기

1. 다음을 읽고 질문에 답하세요.

휴 가 신 청 서

결재	담당	과장	부장

소 속	영 업 팀	
성 명	투 안	
직 급	사 원	
휴가 종류	□ 연차 휴가 □ 경조 휴가 ☑ 병가 □ 기타( )	
사 유	정형외과 수술과 입원으로 병가를 신청합니다	
기 간	9월 7일부터 9월 9일까지 (3일간)	
휴 가 중 대리 업무	인수인계 업무	거래처 관리
	부 서	영업팀
	직 급	대리
	인 수 자	정 세 아

위와 같이 휴가를 신청합니다.
허락하여 주시기 바랍니다.

9 월 2 일

소 속: 영 업 팀
성 명: 투 안 (인) Toan

(1) 위의 내용을 보고 알 수 없는 것은 무엇입니까? (답:)

① 휴가를 신청하는 이유 ② 대신 일을 해 줄 사람의 이름

③ 휴가를 신청하는 사람의 연락처 ④ 휴가를 가려고 하는 사람의 이름

(2) 위의 내용과 같은 것은 무엇입니까? (답:)

① 투안은 내과에서 수술을 할 겁니다.

② 정 대리는 투안과 함께 휴가를 신청합니다.

③ 투안은 9월 2일부터 회사에 오지 않습니다.

④ 정 대리는 투안과 같은 부서에서 일합니다.

2. 휴가 신청서를 써 보세요.

휴 가 신 청 서

결재	담당	과장	부장

소 속		
성 명		
직 급		
휴가 종류	□ 연차 휴가 □ 경조 휴가 □ 병가 □ 기타( )	
사 유		
기 간		
휴 가 중 대리 업무	인수인계 업무	
	부 서	
	직 급	
	인 수 자	

____

____월 ____일

소 속 :

성 명 : (인)

새 어휘

물약	식전	종류
알약	취침	사유
약값	고민	기간
위험하다	조언	대리 업무

15 사막이 무척 아름답더라고요

학습 목표

- 여행 경험과 그 느낌에 대해 이야기할 수 있다.
- 과거의 특별한 경험에 대해 이야기할 수 있다.

어휘: 여행 경험, 감상

문법: -더라고요, -어/아 보다[2]

듣고 말하기

프 엉: 유미 씨, 무이네에 잘 다녀왔어요?

유 미: 네, 진짜 좋았어요. 사막이 무척 아름답더라고요.
사막을 처음 봐서 정말 신기했어요.

프 엉: 좋았겠네요. 바다에도 갔어요?

유 미: 네. 서핑을 했는데 정말 재미있더라고요.
프엉 씨, 서핑해 봤어요?

프 엉: 아니요. 무서울 것 같아요.
그렇지만 한번 해 보고 싶어요.

유 미: 그럼, 다음 휴가 때 우리 같이 파도 타러 가요.

- 무이네(Mui Ne)
- 아름답다
- 서핑
- 파도타기
- 파도(를) 타다
- 다녀왔어요[다녀와써요]
- 그렇지만[그러치만]

1. 말해 보세요.

[보기]	프엉	유미
	무이네 / 바다	사막 / 서핑 / 재미있다

(1) 제주도 / 한라산　　섬 / 등산 / 경치가 아름답다

(2) 냐짱 / 온천　　동굴 / 목욕 / 따뜻하다

2. 휴가 경험을 이야기해 보세요.

3. 다음을 듣고 들은 내용과 같으면 O, 다르면 X 하세요.

(1) 유미 씨는 사막에 여러 번 가 봤어요. (○ , ×)

(2) 프엉 씨는 서핑을 해 보고 싶어 해요. (○ , ×)

4. 다음을 듣고 빈칸에 들어갈 말을 쓰세요.

(1) 프엉: 유미 씨, 무이네에 잘 ______________________?

유미: 네, 진짜 좋았어요. 사막이 ______________________. 사막을 처음 봐서 정말 신기했어요.

(2) 프엉: ______________________. 바다에도 갔어요?

유미: 네. 서핑을 했는데 정말 재미있더라고요.

프엉 씨, ______________________?

(3) 프엉: 아니요. 무서울 것 같아요. 그렇지만 ______________________.

유미: 그럼, 다음 휴가 때 우리 같이 ______________________.

5. 다음을 듣고 이어지는 말을 고르세요.

(1) (답:)

① 네. 정말 편리하더라고요.

② 네. 저는 시장에 자주 가요.

③ 네. 인터넷 서핑은 정말 재미있어요.

④ 아니요. 저는 인터넷 쇼핑을 자주 해요.

(2) (답:)

① 네. 정말 재미있더라고요.

② 네. 저는 등산을 참 좋아해요.

③ 아니요. 저는 생선을 좋아해요.

④ 아니요. 바다가 정말 아름답더라고요.

6. 다음을 듣고 메모하세요.

	투안의 한국 여행 경험
먹어 본 음식	
못 먹어 본 음식	
가 본 곳	

7. 여러분은 휴가 때 뭘 했어요? [보기]와 같이 이야기하세요.

> [보기]
> 가: 짱 씨는 어디를 여행해 봤어요?
> 나: 저는 중국에 가 봤어요.
> 가: 중국에서 뭐 했어요?
> 나: '만리장성'에도 가 보고 '북경오리'도 먹어 봤어요.

질문	나	동료
어디를 여행해 봤어요?		
무엇을 해 봤어요?		
무엇을 먹어 봤어요?		
얼마 동안 있었어요?		

읽고 말하기

1. 다음을 읽고 질문에 답하세요.

어제 VTV에서 김치에 대한 다큐멘터리를 봤어요. 베트남 텔레비전에서 한국 김치를 보니까 반갑더라고요. 저는 사람들이 같이 김치를 만들고 나누는 '김장'을 이번에 처음 봤어요. 그런데 '김장'이 세계적으로 아주 유명하더라고요. 다 같이 김치를 만들고 나누는 모습이 정말 행복해 보였어요.

저는 김치를 여러 번 먹어 봤지만 만들어 보지는 않았어요. 그런데 김치 만들기가 생각보다 어렵지 않더라고요. 그래서 다음 주말에는 가족들과 같이 김치를 만들어 보려고 해요. 저희 부모님과 누나들도 김치를 아주 좋아해서 다 같이 만들어서 나눠 먹을 거예요.

(1) 읽은 내용과 같으면 ○, 다르면 × 하세요.

① 이 사람은 김치를 먹어 봤어요. (○ , ×)

② 이 사람은 김치를 만들어 봤어요. (○ , ×)

③ 이 사람은 한국 텔레비전에서 김치 다큐멘터리를 봤어요. (○ , ×)

(2) 이 사람은 다음 주말에 무엇을 하려고 합니까?

(3) '김장'은 무엇입니까?

2. [보기]와 같이 이야기해 보세요.

[보기]
짱: 기태 씨, 김장을 해 봤어요?
기태: 네, 부모님과 한번 해 봤어요.

해 본 일	나	동료
[보기] 김장을 하다	김장을 안 해 봤어요.	김장을 해 봤어요.
콘서트에 가다		
스키를 타다		
삼계탕을 먹다		
연예인을 만나다		
편지를 받다		
떡볶이를 만들다		
번지점프를 하다		
돈을 줍다		
비행기를 타다		
야유회를 가다		
사유서를 쓰다		
동호회 활동을 하다		

읽고 쓰기

1. 다음을 읽고 질문에 답하세요.

프랑스 파리에 다녀와서

6월 3일 아침, 프랑스 파리 '샤를드골' 공항에 도착했다. 날씨도 좋고 기분도 좋았다. 버스를 타고 파리 시내에 들어가는데 창밖에 에펠탑이 보였다. 에펠탑은 생각보다 크고 아름다웠다. 지하철로 숙소에 갔는데 광고 사진보다 숙소가 안 좋아서 실망스러웠지만 숙소 주인이 친절해서 괜찮았다. 중학생 때부터 프랑스어를 공부해서 여행하면서 말이 잘 통했다. 저녁에는 '센' 강에서 유람선을 타고 아름다운 야경을 보았다. 파리에서 달팽이 요리도 먹어 보고, 프랑스 와인도 마셔 보고, 여러 가지 치즈도 먹어 보았다. 또, '루브르' 박물관에도 가고 '오르세' 미술관에도 가 봤다. 정말 잊을 수 없는 여행이었다.

(1) 이 사람은 어디를 여행했습니까?

(2) 거기에서 무엇을 해 봤습니까?

(3) 무엇을 먹어봤습니까?

2. 나의 여행 경험에 대해 써 보세요.

'   '에 다녀와서

새 어휘

만리장성	번지점프	달팽이
북경오리	창밖	와인
다큐멘터리	에펠탑	치즈
나누다	중학생	미술관
연예인		

16 이 표를 어떻게 쓰는지 잘 모르겠어요

학습 목표

- 사내 문서와 출장에 관련된 어휘를 이해하고 표현할 수 있다.
- 잘 모르는 일을 묻고 도움을 요청할 수 있다.

어휘: 사내 문서, 출장

문법: -(으)ㄴ지/는지, -게 되다

듣고 말하기

정세아: 투안 씨, 왜 아직 퇴근 안 했어요? 일이 많아요?

투 안: 내일까지 출장 보고서를 내야 해요. 그런데 이 표를 어떻게 쓰는지 잘 모르겠어요.

정세아: 어디 봐요. 아, 그 표에는 출장 가서 어디를 방문했는지 순서대로 쓰면 돼요.

투 안: 제가 출장 때 방문한 회사를 전부 쓰는 거예요?

정세아: 네, 맞아요. 같이 방문한 사람과 청구할 출장비도 그 옆에 쓰고요.

투 안: 아, 그래요? 이제 대리님 덕분에 퇴근할 수 있게 되었어요. 감사합니다.

- 방문하다
- 순서대로
- 전부
- 청구하다
- 이제
- 어디 봐요
- … 덕분에
- -비
  출장비, 교통비, 생활비, 구입비, 통신비

1. 말해 보세요.

[보기]

투안	정세아
표, 어떻게 써요? / 방문한 회사, 전부 쓰다	방문한 곳, 순서대로 쓰다 / 같이 방문한 사람, 청구할 출장비도 쓰다

(1) 영수증, 어떻게 정리해요? / 사용한 영수증, 전부 붙이다 — 사용한 영수증, 날짜에 맞춰 붙이다 / 금액, 사용 목적도 쓰다

(2) 회의록, 어떻게 써요? / 회의 때 나온 이야기, 모두 쓰다 — 출장 회의록, 사내 회의록하고 똑같이 쓰다 / 참석자, 결정된 사항을 반드시 쓰다

2. 업무를 잘 모를 때 어떻게 질문해요? 이야기해 보세요.

3. 다음을 듣고 들은 내용과 같으면 O, 다르면 X 하세요.

(1) 투안은 출장을 다녀왔습니다. (○ , ×)

(2) 정세아가 투안 대신 보고서를 작성할 겁니다. (○ , ×)

4. 다음을 듣고 빈칸에 들어갈 말을 쓰세요.

(1) 정세아: 투안 씨, 왜 ____________ ? 일이 많아요?

투안: 내일까지 출장 보고서를 ____________ .

그런데 이 표를 ________ ____ 잘 모르겠어요.

(2) 정세아: ____________ . 아, 그 표에는 출장 가서 어디를

____________ ________ 쓰면 돼요.

투안: 제가 출장 때 방문한 회사를 ____ 쓰는 거예요?

(3) 정세아: 네, 맞아요. 같이 ____ 사람과 ________ ________ 도

그 옆에 쓰고요.

투안: 아, 그래요? 이제 대리님 ________ 퇴근할 수 있게 되었어요.

감사합니다.

5. 다음을 듣고 이어지는 말을 고르세요.

(1) (답:)

① 과장님께 사유서를 제출하세요.

② 명세서에서 금액을 확인해 보세요.

③ 자세한 일정은 기획서를 참고하세요.

④ 직원들은 모두 경력 증명서를 내세요.

(2) (답:)

① 출장비를 생각보다 많이 썼네요.

② 현금보다 카드를 쓰는 게 좋아요.

③ 보고서에 영수증을 붙여서 내세요.

④ 사용할 때마다 영수증을 꼭 받으세요.

6. 다음을 듣고 질문에 답하세요.

(1) 여자가 고민하는 것은 무엇입니까? (답:)

① 한국어로 글을 쓰면 실수가 많습니다.

② 노트북을 어떻게 사용하는지 모릅니다.

③ 회의록에 적은 글씨를 읽기가 어렵습니다.

④ 회의할 때 내용을 빨리 메모할 수 없습니다.

(2) 남자는 여자를 어떻게 도와줄 것입니까?

7. 무슨 문서를 작성해 봤어요? [보기]와 같이 이야기해 보세요.

[보기]

저는 우리 팀 회의록 담당입니다. 일주일에 한 번, 전체 회의가 있습니다. 회의를 하는 동안 잘 듣고 중요한 내용을 요약해서 정리합니다. 회의 전에 무엇을 결정해야 하는지 미리 확인하고 들어갑니다. 그렇게 하면 회의 내용을 더 잘 이해할 수 있습니다.

이름	나	동료
무슨 문서	회의록	
해야 할 일	회의하면서 내용 요약	
좋은 방법	회의 전에 결정해야 할 일을 확인	

읽고 말하기

1. 다음을 읽고 질문에 답하세요.

저는 베한전자 기획팀 후이엔입니다. 기획팀에는 회의가 많습니다. 새로운 아이디어를 이야기하고, 그것을 제품으로 만들 수 있는지 없는지 확인합니다. 저는 아이디어가 많아서 이야기를 잘할 수 있었습니다.

"후이엔 씨 아이디어가 참 좋네요. 그걸 제안서로 만들어서 제출하세요."

저는 열심히 문서를 만들었습니다. 하지만 선배들은 제가 만든 문서를 마음에 들어 하지 않았습니다.

"후이엔 씨 아이디어가 이게 맞아요? 이야기를 들었을 때는 좋았는데, 문서에서는 그 아이디어의 장점을 찾을 수 없어요."

회의가 끝난 후, 이지호 대리님이 말했습니다.

"후이엔 씨, 이걸 한번 보세요. 후이엔 씨 문서와 뭐가 다른지 알겠어요?"

"이건 그림, 그래프가 많습니다."

"네, 맞아요. 후이엔 씨 문서에는 글이 너무 길어요."

"저는 아이디어를 자세하게 설명하고 싶었어요."

"하지만 후이엔 씨 문서를 보면 무슨 생각을 말하고 싶은지 파악하기가 어려워요. 이 문서는 어때요?"

"음, 아이디어가 무엇인지 바로 알 수 있어요."

"네. 지금은 이렇게 아이디어가 무엇인지 쉽게 이해할 수 있는 문서를 만들어야 해요."

저는 이 대리님이 알려 준 방법으로 문서를 작성해서 제출했습니다. 그리고 제 아이디어로 제품을 만들게 됐습니다. 드디어 다음 달에 그 제품이 시장에 나옵니다.

(1) 후이엔은 무엇을 잘 몰랐습니까?

(2) 이지호 대리가 알려 준 방법은 무엇입니까?

2. [보기]와 같이 이야기해 보세요.

[보기]

투안: 제안서를 어떻게 작성해야 하는지 모르겠어요. 저도 후이엔 씨처럼 문서를 잘 만들 수 있으면 좋겠어요.

후이엔: 저도 처음에는 투안 씨하고 비슷했어요.

투안: 정말요? 그런데 어떻게 잘 쓰게 됐어요?

후이엔: 선배들의 문서를 많이 봤어요. 그리고 그걸 따라 했어요.

투안: 그거 좋은 방법이네요.

고민	방법	결과
[보기] 제안서를 작성하다	선배들의 문서를 따라 해서	잘 쓰게 됐어요
(1) 외국어를 잘하다		
(2) 잘 자고 아침에 일찍 일어나다		
(3) 한국 회사에서 오래 일하고 싶다		
(4) 사람들의 이름을 잘 기억하다		
(5) 대화 분위기를 좋게 만들다		
(6)		

읽고 쓰기

1. 다음을 읽고 같으면 ○, 다르면 × 하세요.

회의록	
일시	20○○년 12월 29일 오후 3시
장소	베한전자 회의실
참석자	영업팀 이선호 과장, 르안 대리, 명수지 사원
회의 안건	• 내년 업무 담당 논의: 1월 5일자로 신입 사원 들어옴 - 현재 업무 확인 - 신입 사원이 할 수 있는 일 확인
회의 내용	• 현재 업무 - 르안: 소리전자와 계약 건 진행 중 - 명수지: 르안 대리 업무를 돕고 있음. 회의록 작성, 홈페이지 관리, 비품 확인 및 정리 • 신입 사원 업무 - 비품 관리 - 회사 분위기와 업무에 익숙해질 때까지 시간을 줄 것
향후 계획	• 다음 회의: 1월 5일 오전 10시 • 신입 사원 환영회: 1월 5일, 저녁 회식
첨부 자료	• 없음

20○○년 12월 29일 작성함

작성자: 명수지 (인) 명수지

(1) 이 회의록은 명수지 씨가 썼습니다. (○ , ×)

(2) 신입 사원이 회의에 참석했습니다. (○ , ×)

(3) 회의 주제는 신입 사원 환영회입니다. (○ , ×)

(4) 명수지 씨는 새해에 비품 관리를 담당할 겁니다. (○ , ×)

(5) 르안 대리는 소리전자와 계약을 하려고 합니다. (○ , ×)

2. 팀을 정해서 다음 주제로 회의를 하고 회의록을 작성해 보세요.

회의 주제

☐ 팀원 업무 정하기　　☐ 신입 사원 환영회 계획

☐ 새로운 제품 아이디어　　☐ 고객을 위한 기념품 제작

☐ 불편 사항 개선　　☐

회의록	
일시	20　　년　　월　　일　　시
장소	
참석자	
회의 안건	
회의 내용	
향후 계획	
첨부 자료	

20　　년　　월　　일 작성함

작성자:　　　　(인)

새 어휘

간단하다	요약하다	제작
정리하다	그래프	개선
타이핑하다	드디어	
녹음하다	안건	

17 안전 장갑을 껴야 하잖아요

학습 목표

- 안전에 대한 어휘를 알고 사용할 수 있다.
- 상황을 확인시키는 표현과 이유나 원인을 말하는 표현을 사용할 수 있다.

어휘: 안전 복장, 위험 상황

문법: -잖아요, -기 때문에

듣고 말하기

서진수: 잠깐만요! 짱 씨! 안전 장갑은 어디에 있어요?

짱: 호주머니 안에…. 아, 탈의실에 두고 온 것 같아요.

서진수: 작업장에 들어오기 전에 안전 장갑을 껴야 하잖아요. 알고 있지요?

짱: 죄송합니다. 앞으로는 주의하겠습니다.

서진수: 작업장에서는 위험한 일이 생길 수 있기 때문에 늘 안전 수칙을 지켜야 해요.

짱: 네, 알겠습니다. 다시 탈의실에 다녀오겠습니다.

- 잠깐만요
- 호주머니
- 안전 수칙
- 지키다
- 껴야 하잖아요[껴야 하자나요]
- 생길 수 있기 때문에[생길 쑤 읻끼 때무네]

1. 말해 보세요.

[보기]	서진수	짱
	안전 장갑 / 끼다	호주머니 안에 / 탈의실
(1)	보안경 / 쓰다	가방 안에 / 사물함
(2)	안전화 / 신다	이미 신었어요 / 입구

2. 이유를 이야기해 보세요.

3. 다음을 듣고 들은 내용과 같으면 O, 다르면 X 하세요.

(1) 짱 씨 안전 장갑은 호주머니 안에 있었습니다. (○ , ×)

(2) 짱 씨는 안전 장갑을 껴야 하는지 몰랐습니다. (○ , ×)

4. 다음을 듣고 빈칸에 들어갈 말을 쓰세요.

(1) 서진수: 잠깐만요! 짱 씨! ____________________?

짱: 호주머니 안에…. 아, ____________에 두고 온 것 같아요.

(2) 서진수: 작업장에 들어오기 전에 안전 장갑을 ____________________. 알고 있지요?

짱: 죄송합니다. 앞으로는 ____________________.

(3) 서진수: 작업장에서는 ____________________는 안전 수칙을 지켜야 해요.

짱: 네, 알겠습니다. 다시 탈의실에 ____________________.

5. 다음을 듣고 이어지는 말을 고르세요.

(1) (답:)

① 유미 씨가 말해줬잖아요.

② 저도 아이스크림을 참 좋아해요.

③ 제가 좋아하는 아이스크림은 저거예요.

④ 아이스크림을 많이 먹으면 배가 아프잖아요.

(2) (답:)

① 동호회 모임에 가고 싶어요.

② 투안 씨는 어떤 동호회 활동을 해요?

③ 감기에 걸렸기 때문에 집에서 쉬었어요.

④ 저는 한국어 동호회와 배드민턴 동호회를 해요.

6. 다음을 듣고 두 사람에게 어떤 안전사고가 있었는지 메모하세요.

	사무실 안전사고
투안	
유미	

7. [보기]와 같이 여러분의 동료가 지켜야 할 안전 수칙을 이야기해 보세요.

[보기]

가: 짱 씨는 어디에서 일해요?

나: 저는 총무팀 사무실에서 일해요.

가: 사무실에 불이 날 수 있으니까 퇴근할 때 플러그를 꼭 뽑으세요.

질문	나	동료
일하는 곳		
안전 수칙 1 / 이유		
안전 수칙 2 / 이유		
안전 수칙 3 / 이유		

읽고 말하기

1. 다음을 읽고 질문에 답하세요.

저는 컴퓨터 게임을 아주 좋아합니다. 그래서 퇴근 후에는 자주 PC방에 가서 게임을 합니다. 어제는 친구와 게임을 하면서 밤을 새웠습니다. 오늘 출근해야 하는 것을 알았지만 게임이 너무 재미있었기 때문에 아침까지 게임을 했습니다. 통근 버스 안에서 조금 잤지만 작업장에 도착했을 때 너무 피곤했습니다.

일을 하는데 갑자기 반장님이 '조심!' 소리를 질렀습니다. 정신을 차리고 보니 제 손이 위험했습니다. 반장님이 소리를 질렀기 때문에 사고가 나지 않았습니다. 반장님 덕분에 사고는 나지 않았지만 저는 너무 부끄러웠습니다.

퇴근 후에 반장님이 저를 불러서 이야기를 했습니다.

"게임보다 안전이 중요하잖아요."

안전이 제일 중요하기 때문에 저는 앞으로 퇴근 후에 게임을 2시간만 하기로 결심했습니다.

(1) 읽은 내용과 같으면 ○, 다르면 × 하세요.

① 이 사람은 작업장에서 게임을 했습니다. (○ , ×)

② 이 사람은 앞으로 게임을 하지 않을 것 같습니다. (○ , ×)

③ 반장님 덕분에 사고가 나지 않았습니다. (○ , ×)

(2) 이 사람은 오늘 왜 피곤했습니까?

2. 다음 날 회사 일에 방해가 될 것을 알지만 어떤 일을 한 경험이 있습니까? [보기]와 같이 이야기해 보세요.

[보기] 짱: 저는 여행을 하고 월요일 새벽에 돌아온 경험이 있어요.
기태: 그게 언제였어요?

질문	나	동료
[보기]	월요일 새벽에 여행에서 돌아오다	평일에 새벽까지 술을 마시다
어떤 일을 했어요?		
언제였어요?		
회사에서 어땠어요?		
그리고 어떻게 됐어요?		
그때 도와준 사람이 있었어요?		

읽고 쓰기

1. 다음을 읽고 질문에 답하세요.

작업장 안전 수칙

1. 위험한 일이 생길 수 있기 때문에 안전 복장을 착용합니다.
2. 미끄러질 수 있기 때문에 안전화를 신습니다.
3. 물건이 머리에 떨어질 수 있기 때문에 안전모를 씁니다.
4. 다른 사람이 부딪힐 수 있기 때문에 통로를 잘 정리합니다.
5. 높은 곳에서 작업할 때는 떨어질 수 있기 때문에 안전벨트를 꼭 착용합니다.
6. 작업장 주변을 정리 정돈합니다.
7. 넘어질 수 있기 때문에 작업장 안에서는 절대 뛰지 않습니다.

(1) 왜 안전화를 신어야 합니까?

(2) 높은 곳에서 작업할 때는 어떻게 해야 합니까?

(3) 작업장에서 뛰면 안 되는 이유는 무엇입니까?

2. 여러분이 일할 때 어떤 안전 수칙을 지켜야 합니까? 그 이유는 무엇입니까? 써 보세요.

1.

2.

3.

4.

5.

새 어휘

플러그를 뽑다	방해가 되다	정리 정돈
밤을 새우다	통로	절대
소리를 지르다	안전벨트	

18 화재가 나지 않도록 미리 조심해야겠어요

학습 목표

- 안전과 관련한 어휘를 알고 이야기할 수 있다.
- 목적과 의지를 나타내는 문법을 이해하고 사용할 수 있다.

어휘: 화재, 안전사고

문법: -도록, -어야겠다/아야겠다

듣고 말하기

김재호: 프엉 씨, 화재 대피 훈련은 처음 해 봤지요?

프　엉: 네. 갑자기 비상벨이 울려서 놀랐어요.

김재호: 혹시라도 화재가 나면 잘 대피할 수 있도록 미리 연습하는 거예요.

프　엉: 아까는 정말 무서웠어요. 화재가 나지 않도록 미리 조심해야겠어요.

김재호: 그런데 아까 보니까 비상구에 우리 팀 짐이 있더라고요.

프　엉: 비품실이 좁아서 통로에 뒀는데 지금 바로 치워야겠어요.

대피 훈련	비상구	두다	훈련[훌련]
비상벨이 울리다	통로	치우다	나지 않도록 [나지안토록]
혹시라도			

1. 말해 보세요.

[보기]

김재호	프엉
화재 대피 훈련 / 화재 / 대피	화재 / 나지 않다 / 미리 조심하다

(1) 지진 대피 훈련 / 지진 / 대피　　　잘 대피하다 / 준비하다

(2) 소화기 사용 교육 / 불 / 대처　　　소화기 / 잘 사용하다 / 연습하다

2. 오늘 내가 꼭 할 일은 무엇인지 이야기해 보세요.

3. 다음을 듣고 들은 내용과 같으면 O, 다르면 X 하세요.

(1) 프엉 씨 회사에 불이 났습니다. (○ , ×)

(2) 프엉 씨는 비상구에 있는 짐을 치울 것입니다. (○ , ×)

4. 다음을 듣고 빈칸에 들어갈 말을 쓰세요.

(1) 김재호: 프엉 씨, 화재 대피 훈련은 ____________?

프엉: 네. 갑자기 ____________ 놀랐어요.

(2) 김재호: 혹시라도 화재가 나면 ____________ 미리 연습하는 거예요.

프엉: 아까는 정말 무서웠어요. 화재가 나지 않도록 ____________.

(3) 김재호: 그런데 아까 보니까 비상구에 우리 팀 ____________.

프엉: 비품실이 좁아서 통로에 뒀는데 지금 ____________.

5. 다음을 듣고 이어지는 말을 고르세요.

(1) (답:)

① 저는 내일 영화를 볼까 해요.
② 일을 좀 더 열심히 해 보세요.
③ 저녁에 공원에 가기로 했어요.
④ 그래요? 빨리 낫도록 푹 쉬세요.

(2) (답:)

① 오늘 점심 메뉴가 뭐예요?
② 우와, 점심을 많이 먹어야겠어요.
③ 저는 한국에서 삼계탕을 먹어 봤어요.
④ 오늘 저녁에 불고기를 만들어야겠어요.

6. 다음을 듣고 메모하세요.

프엉의 한국어 시험 준비	
프엉의 걱정	
김 대리의 조언	
프엉의 계획	

7. 요즘 여러분의 걱정은 무엇입니까? [보기]와 같이 이야기하세요.

[보기]

가: 요즘 무슨 걱정이 있어요?

나: 저는 요즘 회사에 자주 지각해요.

가: 그럼 회사에 늦지 않도록 원래 시간보다 빨리 시계를 맞춰 보는 게 어때요?

나: 좋은 방법이네요. 오늘부터 시계를 빨리 맞춰야겠어요.

질문	나	동료
요즘 무슨 걱정이 있습니까?		
동료에게 어떤 조언을 하겠습니까?		
어떤 계획을 했습니까?		

읽고 말하기

1. 다음을 읽고 질문에 답하세요.

화재 시 이렇게 대피합시다.

* 불을 발견하면 '불이야'하고 큰소리로 외쳐서 다른 사람에게 알립니다.
* 가까이에 있는 비상벨을 누릅니다.
* 엘리베이터는 절대 이용하지 않도록 하며 계단을 이용합니다.
* 아래층으로 대피가 불가능한 때에는 옥상으로 대피합니다.
* 낮은 자세로 안내원의 안내를 따라 대피합니다.
* 불길 속을 통과할 때에는 물에 적신 수건 등으로 몸과 얼굴을 감싸 주세요.
* 방문을 열기 전에 문 손잡이를 만져 보세요.
  - ▶ 손잡이를 만져 보았을 때 뜨겁지 않으면 문을 조심스럽게 열고 밖으로 나갑니다.
  - ▶ 손잡이가 뜨거우면 문을 열지 말고 다른 길을 찾읍시다.

(1) 읽은 내용과 같으면 ○, 다르면 × 하세요.

① 불이 났을 때 엘리베이터를 타면 안 됩니다. (○ , ×)

② 화재 대피 시에는 낮은 자세로 대피합니다. (○ , ×)

③ 문손잡이가 뜨거우면 조심스럽게 문을 열고 나갑니다. (○ , ×)

(2) 불길 속을 통과할 때는 어떻게 해야 합니까?

2. [보기]와 같이 사고에 대한 경험을 이야기해 보세요.

[보기] 짱: 기태 씨는 어떤 사고를 경험했어요?
기태: 며칠 전에 교통사고가 나는 것을 봤어요.

사고	나	동료
사고의 종류		
어디에서 사고가 났어요?		
언제였어요?		
그때 어디에 있었어요?		
그 후에 어떻게 됐어요?		
무슨 생각을 했어요?		

읽고 쓰기

1. 다음을 읽고 질문에 답하세요.

화재 예방 방법

1. 누전이 발생하지 않도록 쓰지 않는 플러그는 항상 뽑아야 합니다.
   - 퇴근할 때는 모든 플러그를 뽑으세요.
2. 창고에 물건을 보관할 때는 가스나 성냥, 라이터 등, 불을 낼 수 있는 물건들을 따로 보관합니다.
3. 퇴근할 때, 난로 등의 불이 완전히 꺼졌는지 확인합니다.
4. 가스를 사용하는 곳에서는 자리를 비울 때 가스 밸브를 꼭 잠급니다.
5. 기계를 깨끗이 청소해서 이물질 때문에 화재가 나지 않도록 주의 합니다.

(1) 퇴근을 할 때 무엇을 확인해야겠습니까?

(2) 기계를 청소하지 않으면 왜 위험할 수 있습니까?

(3) 창고에 물건을 보관할 때 무엇을 주의해야 합니까?

2. 내가 일하는 곳의 안전을 위하여 내가 할 수 있는 일을 써 보세요.

[보기]

퇴근할 때 컴퓨터 플러그를 뽑지 않았는데 이제부터는 플러그를 뽑아야겠습니다.

새 어휘

조언	물에 적신 수건	라이터
옥상	감싸다	난로
안내원	가스	

19 지금 자리에 안 계십니다

학습 목표

- 전화와 관련된 표현을 익히고 사용할 수 있다
- 윗사람의 상황이나 행동을 높여서 표현할 수 있다.

어휘: 전화, 전화 표현[1]

문법: -(으)시-, 께서, 께

듣고 말하기

투　안: 안녕하십니까? 영업팀 투안입니다.

고채윤: 여보세요? 한국 건설 고채윤 부장입니다.
김 부장님 계십니까?

투　안: 지금 자리에 안 계십니다.
오전부터 회의하러 가서서 부재중이신데요.

고채윤: 실례지만 몇 시쯤 회의가 끝날까요?
꼭 통화를 하고 싶은데요.

투　안: 두 시간 후면 마칠 것 같습니다. 회의가 끝나면 제가 부장님께 말씀드리겠습니다.

고채윤: 그렇게 해 주시면 감사하겠습니다.

- 마치다
- 실례지만
- 실례합니다만
- -어/아 주시면 감사하겠습니다
- 그렇게[그러케]

1. 말해 보세요.

[보기]	투안	고채윤
	오전, 회의, 부재중	몇 시, 회의, 끝나다 / 꼭 통화를 하고 싶다

(1) 중요한 전화, 통화 중　　몇 시, 통화가 끝나다 / 급한 일이다

(2) 어제, 출장, 부재중　　언제, 통화할 수 있다 / 중요한 일이다

2. 거래처에 전화하는 상황을 생각하고 이야기해 보세요.

3. 다음을 듣고 들은 내용과 같으면 O, 다르면 X 하세요.

(1) 김 부장은 지금 통화 중입니다. (○ , ×)

(2) 투안이 고채윤 부장에게 전화를 걸었습니다. (○ , ×)

4. 다음을 듣고 빈칸에 들어갈 말을 쓰세요.

(1) 투안: 안녕하십니까? 영업팀 투안입니다.

고채윤: ______________? 한국건설 고채윤 부장입니다.

김 부장님 ______________?

(2) 투안: 지금 자리에 안 ______________.

오전부터 회의하러 가셔서 ______________.

고채윤: ______________ 몇 시쯤 회의가 끝날까요?

꼭 ______________ 싶은데요.

(3) 투안: 두 시간 후면 ______________.

회의가 끝나면 제가 부장님께 ______________.

고채윤: ______________.

5. 다음을 듣고 이어지는 말을 고르세요.

(1) (답:)

① 언제 전화하면 됩니까?

② 지금 자리에 안 계시는데요.

③ 안녕하세요? 한국건설입니다.

④ 최 부장님께서 전화하셨습니다.

(2) (답:)

① 제가 담당자입니다.

② 제가 전화를 걸었습니다.

③ 저는 담당자가 아닙니다.

④ 제가 먼저 전화를 끊겠습니다.

6. 다음을 듣고 질문에 답하세요.

(1) 이야기와 같은 것은 무엇입니까? (답:)

① 짱은 로안의 전화번호를 알고 싶습니다.

② 짱은 조 대리에게 물어볼 것이 있습니다.

③ 짱은 로안과 같은 회사에 다니고 있습니다.

④ 짱은 조 대리의 휴대 전화로 연락했습니다.

(2) 전화를 끊은 후, 짱과 로안은 각각 무엇을 할 겁니까?

7. 동료에게 전화를 합니다. 어떻게 말할까요? 이야기해 보세요.

상황1: 동료에게 전화해서 잘 모르는 것을 물어 봅니다.	상황2: 거래처 위치를 잘 몰라서 동료에게 물어봅니다.	상황3: 얼마 전에 새집으로 이사했습니다. 동료를 집들이에 초대하고 싶습니다.

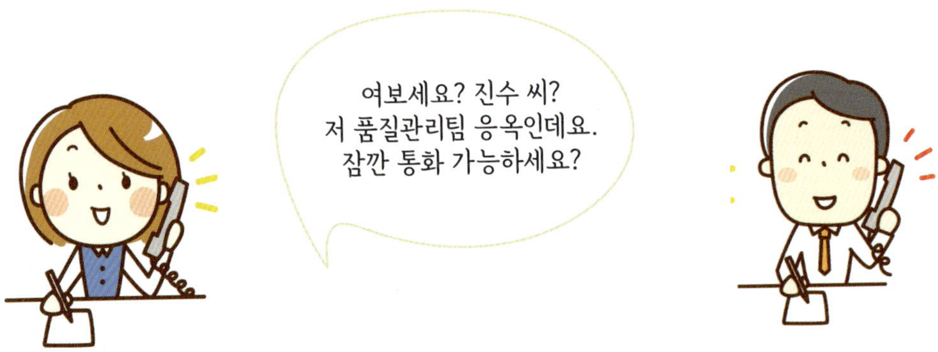

읽고 말하기

1. 다음을 읽고 질문에 답하세요.

(가) 나라: 여보세요? 거기 하늘전기지요?
미라: 네, 그런데요.
나라: 저는 산들기계 김나라 사원입니다. 정은수 사원 좀 바꿔 주세요.
미라: 네, 잠깐만 기다리세요. 은수 씨, 전화 왔어요. 전화 받으세요.
은수: 네, 전화 바꿨습니다.

(나) 나라: 여보세요. 거기 바다공업이지요?
영수: 아닌데요. 몇 번에 거셨어요?
나라: 거기 12-302-394 아니에요?
영수: 아닙니다. 전화 잘못 거셨어요. 여기는 11-302-394입니다.
나라: 아, 죄송합니다.

(1) 대화 (가)와 (나)에 알맞은 그림을 찾으세요.

①

②

(2) 다음은 여러 가지 전화 상황입니다. 어떻게 말합니까? 이야기해 보세요.

- (상황 1) 거래처 A 과장이 전화를 해서 제품에 대해 물어봅니다. 그런데 지금 자료가 없어서 답을 할 수 없습니다.
- (상황 2) 거래처 A 과장이 전화를 해서 B 과장을 찾습니다. 그런데 B 과장이 지금 전화하고 있습니다.

2. [보기]를 사용해서 거래처와 통화하는 대화를 만들어 보세요.

[보기]

- 여보세요. 저는 XX 회사 OOO 인데요.
- 담당자와 통화할 수 있을까요?
- ... 씨 좀 부탁합니다.
- ... 씨 좀 바꿔 주세요.
- 문의 좀 하려고 전화 드렸습니다.
- 다시 전화 드리겠습니다.
- 잘 안 들리는데요.
- 거기가 □□□지요?
- 급한 일인데요.
- 언제쯤 통화할 수 있을까요?
- 꼭 통화를 하고 싶은데요.
- 고맙습니다.
- 이만 끊겠습니다.

- 안녕하십니까? □□□의 △△△입니다.
- 네. 제가 투안입니다.
- 네. 그런데요.
- 여기는 □□□입니다.
- ... 씨 연결해 드리겠습니다.
- 끊지 말고 기다려 주세요.
- 잠깐만 기다려 주세요.
- 통화 중입니다
- ...은/는 방금 나가셨는데요.
- 다시 전화 드려도 될까요?
- 네, 안녕히 계세요.

☎ 따르릉~♪

가:

나:

가:

나:

가:

나:

가:

나:

가:

나:

읽고 쓰기

1. 다음을 읽고 질문에 답하세요.

저는 투안입니다. 1년 동안 한국어를 배웠습니다. 지금은 한국 사람과 이야기하는 것에 익숙해졌습니다. 그런데 한국어로 전화하는 것은 아직 어렵습니다. 사람을 만나서 이야기할 때는 얼굴을 보고 이해할 수 있습니다. 하지만 전화를 하면 표정을 볼 수 없어서 이해하기가 더 어렵습니다.

며칠 전에 거래처에 전화를 했습니다.

"여보세요? 저는 베한전자 영업팀 투안입니다. 거기가 소리전자 맞지요?"

"네, 맞습니다. 무슨 일이신가요?"

"소리전자 제품에 관심이 있어서 전화 드렸습니다."

저는 전화한 이유를 설명하기 시작했습니다. 그런데 저쪽에서 아무 말도 없었습니다. 아마 제가 한국어를 잘 못해서 그런 것 같았습니다. 그래서 저는 조금 더 크게, 천천히 말했습니다. ㉠ 제 가슴이 두근거렸습니다.

그때 갑자기 '따르릉!, 따르릉!, 따르릉!'

제 귀에서 전화벨 소리가 났습니다. 저는 깜짝 놀라서 전화를 받았습니다.

"여보세요? 투안 씨? 소리전자 소미나 대리입니다. 전화가 갑자기 끊겼어요. 다시 말씀해 주시겠어요?"

(1) 윗글과 같으면 ○, 다르면 × 하세요.

① 소미나 대리는 투안의 한국어를 이해하지 못했습니다. (○ , ×)

② 소미나 대리는 일이 있어서 전화를 먼저 끊었습니다. (○ , ×)

(2) 투안은 왜 ㉠과 같이 느꼈습니까?

2. 한국어로 전화한 경험을 쓰고 발표해 보세요.

언제
누구에게
무슨 일로 전화했어요?
전화로 무슨 한국말을 했어요?
상대한테 무슨 말을 들었어요?
전화하는 동안 무엇을 느꼈어요?

새 어휘

급하다	초대하다	전화벨
위치	에 익숙하다	갑자기
집들이	표정	

20 이따가 다시 전화한다고 전해 주세요

학습 목표

- 상대를 높이는 말을 이해하고 표현할 수 있다.
- 다른 사람에게 들은 말을 전달할 수 있다.

어휘: 높임 어휘, 전화 표현[2]

문법: -다고 하다

듣고 말하기

투　안: 안녕하십니까? 베한전자 영업팀 투안입니다.

김한규: 여보세요? 저는 한국 건설 과장 김한규라고 합니다.

투　안: 네, 안녕하세요? 과장님.

김한규: 정세아 대리님 좀 바꿔 주시겠어요?

투　안: 외근 나가셨는데 메모 남겨 드릴까요?

김한규: 네. 그럼 요청한 자료를 이메일로 보냈다고 전해 주세요. 그리고 제가 전화 부탁한다고 말씀해 주세요.

투　안: 네, 그렇게 하겠습니다.

요청하다	부탁하다	부탁한다고[부타칸다고]
자료	남겨 드릴까요?	

1. 말해 보세요.

[보기]	투안	김한규 과장
	외근 나가다, 메모 남기다	요청한 자료, 이메일로 보냈다

(1) 회의 중이다, 메모 남기다　　　계약 내용, 확인이 필요하다

(2) 부재 중이다, 메모 남기다　　　다음 회의 약속, 잡고 싶다

2. 업무로 전화했을 때 어떻게 말합니까? 이야기해 보세요.

3. 다음을 듣고 들은 내용과 같으면 O, 다르면 X 하세요.

(1) 투안은 김한규 과장에게 다시 전화할 겁니다. (○ , ×)

(2) 정세아 대리는 오늘 사무실에서 일하지 않습니다. (○ , ×)

4. 다음을 듣고 빈칸에 들어갈 말을 쓰세요.

(1) 투안: ________ ? 베한전자 영업팀 투안입니다.

김한규: ________ ? 저는 한국건설 과장 김한규 ________ .

(2) 김한규: 정세아 대리님 좀 ________ ?

투안: 외근 나가셨는데 메모 ________ ?

(3) 김한규: 네. 그럼 ________ 자료를 이메일로 ________ 전해 주세요. 그리고 제가 전화 ________ 말씀해 주세요.

투안: 네, ________ 하겠습니다.

5. 다음을 듣고 이어지는 말을 고르세요.

(1) (답:)

① 네. 과장님이 안 계셨어요.

② 네. 과장님께서 말씀해 주셨어요.

③ 아니요. 과장님께 성함을 여쭤 봤어요.

④ 아니요. 과장님께 아무것도 안 드렸어요.

(2) (답:)

① 계약서 좀 확인하려고요.

② 제가 김재호 대리인데요.

③ 김 대리님 좀 바꿔 주세요.

④ 지금은 통화가 어렵습니다.

6. 다음을 듣고 질문에 답하세요.

(1) 남자에게 무슨 문제가 생겼습니까? (답:)

① 청소기 사용 방법을 모릅니다.

② 수리 기사와 연락이 안 됩니다.

③ 청소기가 고장이 난 것 같습니다.

④ 여자가 청소기를 잘못 계산했습니다.

(2) 여자는 무엇을 할 겁니까?

7. 다음 메모를 보고 동료에게 전달해 보세요.

황 기사님, 오후 2시에 전화가 왔어요.
성함: 꽝런
전화번호: 28-31-203-339
청소기 사용 중, 냄새가 나요.
이상해요. 빨리 수리하고 싶어요.
- 응옥 -

응옥 씨가 황 기사님에게 메모를 썼어요.

읽고 말하기

1. 다음을 읽고 질문에 답하세요.

여보, 우유, 샐러드, 과일은 냉장고 안에 있어요.
그리고 어머니가 토요일 오전에 병원에 가셔야 해요.
당신도 알고 있지요? 당신이 병원에 모시고 간다고 들었어요.
어머니와 아버지께서 목요일에 우리 집에 오실 거라고 했어요. 두 분이 주무실 방 청소를 부탁해요.
당신 덕분에 걱정 없이 출장을 다녀올 수 있어요.
고마워요. 사랑해요.

- 아내 응옥 -

(1) 누가 누구에게 메모를 썼습니까?

(2) 메모를 받은 사람이 할 일은 무엇입니까? (답:)

① 부모님하고 집 청소를 합니다.
② 어머니하고 같이 병원에 갑니다.
③ 음식을 사서 냉장고에 넣습니다.
④ 집안일을 한 후에 출장을 갑니다.

(3) 메모 내용을 다른 사람에게 전달해 보세요.

2. [보기]와 같이 이야기해 보세요.

[보기]

지호: 수지 씨, 고향이 어디예요?
수지: 부산이에요.
지호: 베트남에 언제 왔어요?
수지: 작년에 왔어요.
지호: 베트남 음식 중에서 무슨 음식을 가장 좋아해요?
수지: 쌀국수를 제일 좋아해요. 아침마다 먹어요.

....

지호: 수지 씨 고향이 부산이라고 해요.
투이: 그래요? 제 친구도 부산 사람이에요.
지호: 수지 씨는 작년에 베트남에 왔다고 해요.
투이: 와, 그런데 베트남 말을 잘하네요.
지호: 그러게요. 수지 씨는 쌀국수를 좋아한다고 해요.
아침마다 쌀국수를 먹는다고 해요.
투이: 저도 그래요.

질문	동료
(1) 고향, 어디	
(2) 언제, 베트남에 오다	
(3) 제일 좋아하는 베트남 음식	
(4) 보통, 주말, 뭐 하다	
(5) 지난주, 뭐 하다	
(6) 다음 주말, 뭐 하다	
(7)	
(8)	

읽고 쓰기

1. 다음을 읽고 질문에 답하세요.

전화 왔었습니다

정세아 대리님 에게

7 월 2 일 1 시 30 분에

미소 전자 하진주 대리님 에게서

전하는 말씀은

☐ 전화 왔었다고 전해 주세요.

☑ 전화해 주세요. (339 - 2732 번)

☐ 다시 전화하겠습니다.

☐ 사무실로 찾아오겠습니다.

용건:
새로 나온 제품에 관심이 있습니다. 다음 주 회의 때 샘플을 보고 싶습니다.

쓴 사람: 투안

(1) 누가 누구에게 메모를 썼습니까?

(2) 하진주 대리가 하고 싶은 말은 무엇입니까? (답:)

① "회의 때 제품을 보여 주세요."

② "회의 약속을 바꾸고 싶습니다."

③ "우리를 위한 제품을 만들어 주세요."

④ "우리 회사 제품을 보여 주고 싶습니다."

2. 동료와 함께 사무실에서 하는 전화 대화를 만들어 이야기하면서 메모해 보세요.

전화 왔었습니다

에게

월 일 시 분에

에게서

전하는 말씀은

☐ 전화 왔었다고 전해 주세요.

☐ 전화해 주세요. (- 번)

☐ 다시 전화하겠습니다.

☐ 사무실로 찾아오겠습니다.

용건:

쓴 사람:

☎ 따르릉~ ♪

가:

나:

새 어휘

수리 기사	걱정 없이
샐러드	용건
을/를 모시고 가다/오다	샘플

21 내일까지 보고서를 제출하라고 하셨어요

학습 목표

- 업무 통화, 업무 사항 전달과 관련한 표현을 사용할 수 있다.
- 명령이나 요청을 간접적으로 전달할 수 있다.

어휘: 업무 통화, 업무 사항 전달

문법: -(으)라고 하다, -어/아 달라고 하다

듣고 말하기

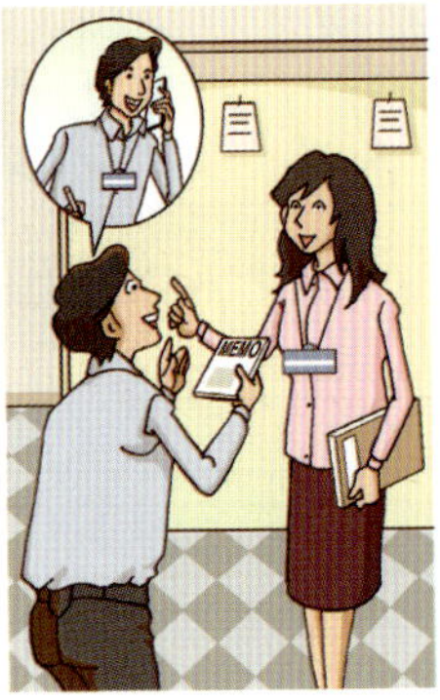

투　안: 정 대리님, 아까 한국 건설에서 전화가 왔어요.

정세아: 아, 그래요? 누가 전화했나요?

투　안: 김한규 과장님이 메일 보내셨으니 확인해 달라고 하셨어요. 그리고 연락도 부탁하셨어요.

정세아: 네, 고마워요. 다른 일은 없었어요?

투　안: 참, 부장님이 내일까지 보고서를 제출하라고 하셨어요.

정세아: 네, 알려 줘서 고마워요.

- 확인하다
- 연락을 부탁하다
- 제출하다
- 전화했나요[저놔핸나요]
- 부탁하셨어요[부타카셔써요]

1. 말해 보세요

[보기]	투안	정세아
	메일 보내다 / 확인하다	다른 일은 없다

(1) 팩스를 보내다 / 검토하다　　과장님 지시는 없다

(2) 등기 우편을 발송하다/ 검사하다　　보고서 관련 이야기는 없다

2. 다른 사람의 부탁을 전달해 보세요.

3. 다음을 듣고 들은 내용과 같으면 O, 다르면 X 하세요.

(1) 투안 씨는 내일까지 보고서를 제출해야 해요. (○ , ×)

(2) 정세아 씨가 보낸 메일을 김한규 과장이 확인했어요. (○ , ×)

4. 다음을 듣고 빈칸에 들어갈 말을 쓰세요.

(1) 투안: 정 대리님, 아까 한국 건설에서 ________________.

정세아: 아, 그래요? ________________?

(2) 투안: 김한규 과장님이 메일 보내셨으니 ________________.
그리고 연락도 부탁하셨어요.

정세아: 네, 고마워요. ________________?

(3) 투안: 참, 부장님이 내일까지 ________________.

정세아: 네, ________________.

5. 다음을 듣고 이어지는 말을 고르세요.

(1) (답:)

① 네. 어제 제가 구매 계약서를 썼어요.
② 네. 구매 계약서 쓰기가 정말 어렵더라고요.
③ 네. 작년 견적서를 갖고 있다고 하셨어요.
④ 네. 지난 달 구매 계약서를 찾으라고 하셨어요.

(2) (답:)

① 김 대리님은 총무팀에 있어요.
② 김 대리님이 오늘 회의를 한다고 해요.
③ 우리 팀 물품 구입 요청서를 보내 달라고 했어요.
④ 우리 팀의 야유회가 다음 주 토요일이라고 했어요.

6. 다음을 듣고 메모하세요.

업무 전화 메모	
전화한 사람	
정세아 대리에게 전달할 말	

7. 동료의 부탁을 다른 동료에게 전달해 보세요.

[보기]

가: 지우개 좀 빌려 주세요.

나: 짱 씨가 지우개를 좀 빌려 달라고 해요.

다: 짱 씨, 여기 지우개요.

나	동료 1 이름: ( )	동료 2 이름: ( )
지우개를 빌리다		

읽고 말하기

1. 다음을 읽고 질문에 답하세요.

직장인이 알아야 할 전화 예절

신입사원들이 가장 어려워하는 일 중에 하나가 전화 업무입니다. 그만큼 직장생활에서 전화로 하는 업무는 중요하다고 할 수 있습니다. 오늘은 직장인이 알아야 할 전화 예절 몇 가지를 알려드리겠습니다.

먼저, 전화를 걸 때 업무 시작 전이나 퇴근 시간 후, 점심시간은 피해서 전화를 거는 것이 좋습니다. 또, 전화를 걸거나 받을 때 인사를 잘하고 자신의 소속과 이름을 밝혀야 합니다. 다른 사람에게 메모를 남겨야 할 때는 정확한 내용을 메모할 수 있도록 노력해야 합니다. 신입사원 때는 업무 내용을 잘 모르기 때문에 전화를 받는 것이 어렵습니다. 그럴 때는 자기 생각대로 적지 말고, 전화를 한 사람에게 다시 질문을 해서 정확한 내용을 남기도록 합니다.

(1) 읽은 내용과 같으면 ○, 다르면 × 하세요.

① 상대방이 소속과 이름을 물어보면 그때 대답하면 돼요. (○ , ×)

② 신입사원들은 보통 전화 업무가 어렵다고 생각해요. (○ , ×)

③ 잘 모를 때 다시 질문하는 것은 예의가 아니에요. (○ , ×)

(2) 업무 전화를 걸 때 어떤 시간을 피해야 합니까?

2. [보기]와 같이 동료에게 필요한 충고를 해 주세요. 그리고 다른 동료가 그 이야기를 전달해 주세요.

[보기]

나(투안): 기태 씨(동료 2), 운동을 열심히 하세요.

(귓속말로 동료 1에게)

동료 1: 투안 씨가 기태 씨에게 운동을 열심히 하라고 했어요.

나	동료 1 이름: (　　　　　)	동료 2 이름: (　　　　　)
→ 기태 씨 ◇ 운동을 열심히 하다		
→ ◇		
→ ◇		
→ ◇		
→ ◇		
→ ◇		

읽고 쓰기

1. 다음을 읽고 질문에 답하세요.

지금은 회사에서 3년 동안 일해서 전화 업무에 익숙해졌지만, 신입사원 때는 전화 때문에 힘든 일이 많았다. 신입사원 교육 때 전화벨이 세 번 울리기 전에 받는 것이 좋다고 해서, 전화벨이 울리면 그 자리로 달려가서 전화를 받았다. 이 대리님이 뛰어다니는 나를 보시고 웃으시면서 전화를 내 자리로 연결하는 방법을 가르쳐 주셨다. 지금 생각해 보면 너무 우스운 일이다.

또, 한번은 한국에서 전화가 왔는데 전화를 건 사람이 베트남어를 못하는 사람인 것 같았다. 그때 나도 한국말을 하나도 몰라서 정말 당황했다. 이 대리님께 전화를 연결하려고 했지만 실수로 전화를 끊어 버렸다. 그 일 때문에 내가 한국어를 더 열심히 공부하게 된 것 같다.

(1) 신입사원 교육 때 어떤 전화 예절을 배웠습니까?

(2) 이 사람이 전화벨이 울릴 때마다 뛰어다닌 이유는 무엇입니까?

(3) 이 사람은 무엇 때문에 한국어를 더 열심히 공부하게 되었습니까?

2. 전화 업무와 관련해서 있었던 재미있는 경험을 써 보세요.

새 어휘

확정	방법	견적서
전화벨	당황하다	소속
달려가다	떨리다	
뛰어다니다	정확한	

22 밥 한번 먹자고 했어요

학습 목표

- 한국의 식사 문화와 음주 문화에 대해 알고 베트남과의 차이에 대해 이야기할 수 있다.
- 청유나 의문을 간접적으로 전달할 수 있다.

어휘: 식사 문화, 음주 문화

문법: -자고 하다, -(으)냐고/(느)냐고 하다

듣고 말하기

유　미: 프엉 씨, 무슨 생각을 그렇게 해요?

프　엉: 오늘 처음 본 직원이 저한테 몇 살이냐고 물어보더라고요. 한국 사람들은 왜 이렇게 나이를 중요하게 생각해요?

유　미: 한국에서는 처음 만났을 때 나이를 물어보는 경우가 많아요. 한국어에 높임말이 있어서 나이를 중요하게 생각해요.

프　엉: 그래요? 그리고 그 직원이 다음에 밥 한번 먹자고 했는데 제가 연락을 해야 하나요?

유　미: 아, 한국에서는 인사로 밥 한번 먹자고 할 때도 있어요. 꼭 먹어야 하는 건 아니니까 걱정 마세요.

프　엉: 아, 정말요? 몰랐어요.

경우	연락을[열라글]
인사로	걱정 마세요[걱쩡마세요]

1. 말해 보세요.

[보기]	프엉	유미
	직원 / 밥 한번 먹다	밥 한번 먹다 / 먹다

(1) 거래처 사람 / 커피 한잔 하다　　커피 한잔 하다 / 마시다

(2) 김 대리님 동료 / 김 대리님과 같이 한번 보다　　같이 한번 보다/ 만나다

2. 다른 사람의 제안을 전달해 보세요.

3. 다음을 듣고 들은 내용과 같으면 O, 다르면 X 하세요.

(1) 한국 사람들은 높임말 때문에 나이를 중요하게 생각해요. (○ , ×)

(2) 프엉 씨는 밥 한번 먹자고 한 직원에게 꼭 연락해야 합니다. (○ , ×)

4. 다음을 듣고 빈칸에 들어갈 말을 쓰세요.

(1) 유미: 프엉 씨, 무슨 생각을 그렇게 해요?

프엉: 오늘 처음 본 직원이 저한테 ______________.

한국 사람들은 왜 이렇게 나이를 ______________?

(2) 유미: 한국에서는 처음 만났을 때 나이를 물어보는 경우가 많아요.

______________ 나이를 중요하게 생각해요.

프엉: 그래요? 그리고 그 직원이 다음에 ______________

제가 연락을 해야 하나요?

(3) 유미: 아, ______________ 밥 한번 먹자고 할 때도 있어요.

______________ 걱정 마세요.

프엉: 아, 정말요? 몰랐어요.

5. 다음을 듣고 이어지는 말을 고르세요.

(1) (답:)

① 이번 달 영업 실적은 중요해요.

② 과장님은 영업을 정말 잘하세요.

③ 제가 영업 실적을 정리해서 과장님께 드릴게요.

④ 저는 영업팀에서 일할 수 있어서 정말 즐거워요.

(2) (답:)

① 저는 베트남 식당을 좋아해요.

② 맞아요. 건강이 제일 중요하지요.

③ 값이 싸고 맛있는 식당이 좋은 식당이에요.

④ 그래요? 이번 회식 때 거기에 가자고 할까요?

6. 다음을 듣고 메모하세요.

	베트남 식당에 가서 당황한 일
유미가 당황한 이유	
한국 식당과 베트남 식당의 차이	

7. 동료의 질문이나 제안을 다른 동료에게 전달해 보세요.

[보기]

프엉: 투안 씨 생일이 언제예요? (귓속말로)

기태: 프엉 씨가 투안 씨 생일이 언제냐고 해요.

투안: 제 생일은 7월 30일이에요.

나	동료 1 이름: ( )	동료 2 이름: ( )
투안 씨 생일이 언제예요?		

읽고 말하기

1. 다음을 읽고 물음에 답하세요.

베트남과 한국 모두 식사를 할 때 술을 같이 먹는 경우가 많다. 술을 함께 마시면서 이야기를 나누고 친해지는 것은 한국과 베트남이 비슷하다. 그러나 한국과 베트남은 음주 문화가 다르다.

한국에서는 상대방이 잔을 다 비운 후에 술을 따라 주는 것이 예의에 맞지만, 베트남은 상대방이 술을 마실 때마다 술을 첨잔한다.

또, 베트남의 맥주 문화도 한국과 다르다. 베트남에서는 개인 잔 옆에 각자 맥주를 한 병씩 준비한다. 잔에 얼음을 넣고, 자신이 직접 맥주를 따라 마신다. 다른 사람에게 술을 따라 줄 때는 꼭 그 사람의 맥주를 따라 주어야 하며, 자신의 병으로 따라 주면 안 된다. 그런데 한국에서는 맥주를 몇 병 시켜서 나눠 마신 후에 술이 없으면 그때 맥주를 더 시켜서 나눠 마신다. 또, 한국에서는 보통 자작을 하지 않는다.

(1) 읽은 내용과 같으면 ○, 다르면 × 하세요.

① 베트남과 한국은 음주 문화가 비슷해요. (○ , ×)

② 한국 사람들은 술을 마실 때 보통 자작과 첨잔을 하지 않아요. (○ , ×)

③ 베트남에서 맥주를 따라 줄 때는 내 맥주가 아니라 상대방의 맥주를 따라 준다. (○ , ×)

(2) 베트남과 한국의 음주 문화에서 비슷한 점은 무엇입니까?

2. [보기]와 같이 이야기하세요.

[보기]
투안: 베트남에서는 국물을 마실 때 숟가락으로 먹어요. 그릇을 들고 마시는 것은 이상하게 생각해요. 한국은 어때요?

한국	베트남
어른과 함께 식사 속도를 맞춘다.	
음식을 먹을 때 소리가 나지 않게 주의한다.	
모든 음식을 한 상에 차린다.	
식사하기 전, 식사한 후 인사한다. (잘 먹겠습니다, 잘 먹었습니다)	
밥에 숟가락이나 젓가락을 꽂지 않는다.	
	그릇을 들고 국물을 마시지 않고 숟가락으로 먹는다.

읽고 쓰기

1. 다음을 읽고 질문에 답하세요.

베트남 회사와 한국 회사의 문화는 다른 것이 많습니다. 저는 이 회사에 들어오기 전에 베트남 회사에서 이 년을 일했습니다. 제가 베트남 사람이니까 베트남 회사에 다닐 때는 점심 식사 후에 낮잠을 자는 것이 전혀 이상하지 않았습니다. 그런데 한국 회사에 들어와서 한국 직원들을 보니까 낮잠을 잘 자지 않았습니다. 그리고 어떤 한국 직원은 저에게 낮잠 문화가 잘 이해가 안 간다고 말했습니다.

또 한국 회사에서는 야근을 많이 합니다. 베트남 사람들은 보통 출근 시간과 퇴근 시간을 잘 지킵니다. 물론 한국 사람들이 회사 일을 중요하게 생각하고 열심히 일하는 것을 잘 알고 있고, 배울 점도 많다고 생각합니다. 하지만 한국 사람들도 일을 너무 많이 하지 말고 가족들과 많은 시간을 보내는 것이 좋다고 생각합니다.

(1) 이 사람은 어떤 경력이 있습니까?

(2) 베트남의 낮잠 문화는 무엇입니까?

(3) 이 사람은 한국 사람들이 야근을 많이 하는 것을 어떻게 생각합니까?

2. 여러분이 느낀 한국 또는 다른 나라와의 문화 차이에 대해 써 보세요.

새 어휘

높임말	음주 문화	친해지다
서비스	예의	시키다
계산하다	얼음	야근

23 마감일이 오늘인 줄 알았습니다

학습 목표

- 회사 내 실수와 관련된 어휘를 알고 표현할 수 있다.
- 오해와 경험을 나타내는 표현을 알고 말할 수 있다.

어휘: 실수, 수정

문법: -(으)ㄴ/는 줄 알다/모르다, -(으)ㄴ 적이 있다/없다

듣고 말하기

부　장: 이 보고서 누가 썼어요?

투　안: 제가 썼습니다. 무슨 문제라도….

부　장: 보고서가 왜 이렇게 늦었지요? 어제까지 내라고 했는데 못 들었나요?

투　안: 죄송합니다. 제출 마감일이 오늘인 줄 알았습니다.

부　장: 그리고 거래처 회사명에 오타가 있으면 어떡합니까? 투안 씨 전에는 이런 적이 없었는데….

투　안: 죄송합니다. 바로 수정해서 결재 올리겠습니다.

- 회사명
- 오타
- 수정하다
- 결재를 올리다

1. 말해 보세요.

[보기]

부장	투안
보고서가 왜 이렇게 늦었지요?	제출 마감일이 오늘인 줄 알았습니다.

(1) 기획서가 왜 이렇게 늦었지요? 　죄송합니다. 마감일일 오늘인 줄 알았습니다.

(2) 기획서에 예산 총액이 안 맞으면 어떡합니까? 　죄송합니다. 다시 수정하여 결재 올리겠습니다.

2. 실수에 대해 동료와 이야기해 보세요.

3. 다음을 듣고 들은 내용과 같으면 O, 다르면 X 하세요.

(1) 투안은 보고서를 쓰지 않았습니다. (○ , ×)

(2) 보고서 제출일은 오늘까지였습니다. (○ , ×)

4. 다음을 듣고 빈칸에 들어갈 말을 쓰세요.

(1) 부장 : 이 보고서 ____________?

투안 : 제가 썼습니다. ____________….

(2) 부장 : 보고서가 ____________?

어제까지 ____________ 못 들었나요?

투안 : 죄송합니다. 제출 마감일이 ____________.

(3) 부장 : 그리고 거래처 회사명에 ____________ 어떡합니까?

투안 씨 전에는 ____________….

투안 : 죄송합니다. 바로 수정해서 ____________.

5. 다음을 듣고 이어지는 말을 고르세요.

(1) (답:)

① 네. 보고서를 수정하겠습니다.

② 네. 보고서 마감을 잘 지키겠습니다.

③ 죄송합니다. 지금은 시간이 없습니다.

④ 죄송합니다. 오늘까지인 줄 알았습니다.

(2) (답:)

① 거래처에 다녀왔습니다.

② 회사명을 잘 모르겠습니다.

③ 어떻게 하는지 모르겠습니다.

④ 죄송합니다. 바로 수정하겠습니다.

6. 다음을 듣고 메모하세요.

기태 유미	(1) 유미 씨도 ? (2) 그럼요. 지금도 .
유미	(3) 제가 동료한테 . (4) 답장이 .
유미	(5) 저는 동료한테 . (6) 부장님한테 .
투안 유미	(7) 그래서 ? (8) 20분 일 .

7. 여러분이 한 실수에 대해 이야기해 보세요.

계산 실수	물품 총액을 잘못 기재했다. 1,000,000동이라고 썼다고 생각했다. 확인해 보니까 10,000,000이라고 썼다. 과장님한테 많이 혼났다.
말 실수	한국어를 잘 못해서 실수를 했다. 부장님한테 "점심 먹으러 갑시다"라고 말했다. 그렇게 말하면 안 되는 줄 몰랐다. 한국인 동료가 한국 문화를 가르쳐 주었다.
______ 실수	

읽고 말하기

1. 다음을 읽고 내용과 같으면 O, 다르면 X 하세요.

<실수에 대처하는 방법>

사람은 누구나 실수를 합니다. 오늘은 회사에서 실수를 했을 때 바르게 대처하는 방법을 이야기해 보려고 합니다.

1. 욕심을 부리지 말자

회사에 잘 보이고 싶은 욕심 때문에 많은 일을 하려고 할 때가 있습니다. 하지만 두 가지 일을 모두 하려고 하다가 한 가지도 제대로 못할 수 있습니다. 먼저 자기가 맡은 일에 최선을 다해 깔끔하게 처리하는 것이 실수를 줄이는 방법입니다.

2. 사과는 짧고 분명하게 하자

나의 실수로 다른 사람이 불편을 느꼈을 때는 먼저 '정말 죄송합니다. 다음부터 이런 일이 없도록 하겠습니다.'라고 말하는 것이 중요합니다. 잘못의 이유를 길게 설명하는 것보다는 진심을 담아서 분명하게 사과를 하는 것이 필요합니다.

3. 실수를 교훈으로 삼자

실수는 반복하지 않는 것이 중요합니다. 실수를 했을 때 내가 왜 실수를 범했는지 그 원인을 찾아야 합니다. 그리고 다시는 같은 실수를 하지 않도록 준비하는 것이 필요합니다.

(1) 회사에서 성공하기 위해서는 여러 가지 일을 동시에 해야 합니다. (○ , ×)

(2) 실수를 했을 때는 그 이유를 먼저 자세히 설명하는 것이 좋습니다. (○ , ×)

(3) 실수했을 때 원인을 찾아보는 것이 좋습니다. (○ , ×)

(4) 같은 실수를 반복하지 않도록 해야 합니다. (○ , ×)

2. 동료와 회사에서 실수에 대처하는 방법에 대해 이야기해 보세요.

[보기]

가: 일을 할 때 실수를 하면 어떻게 해요?

나: 먼저 자기의 잘못 때문에 불편한 사람이 있으면 사과를 해야 해요.

가: 그렇군요. 잘못한 이유를 설명해야 해요?

나: 길게 설명하기보다는 먼저 진심을 담아서 사과하는 것이 더 중요해요.

가: 네. 실수를 방지하기 위해서는 어떻게 해야 할까요?

나: 먼저 맡은 일에 최선을 다하는 것이 중요해요. 욕심을 부려서 여러 가지 일을 하려고 하기보다는 자기의 업무에 집중하면 실수하는 일이 없을 거예요.

3. 회사에서 실수를 방지하는 방법을 생각해 보고 이야기해 보세요.

<실수에 대처하는 방법>

1.

2.

3.

읽고 쓰기

1. 다음을 읽고 질문에 답하세요.

시말서

소속 : 영업팀

지위 : 사원

성명 : 투안

지난번 (12월 10일) 저의 부주의로 물품의 납품 기일을 맞추지 못한 일이 발생하여 회사에 손해를 끼치게 되었습니다. 거래처와의 소통 과정에 착오가 있었습니다. 담당자로서 이번 일에 대해 책임을 져야 하는 것을 통감하며 이번 사건에 대해 깊이 반성합니다.

다시는 같은 실수를 반복하지 않도록 맡은 업무에 최선을 다하여 집중할 것을 굳게 다짐합니다.

이에 대해 시말서를 제출합니다.

20○○년 12월 18일

영업팀장 귀하

(1) 무엇 때문에 회사에 손해가 생겼습니까?

(2) 문제가 발생한 원인은 무엇입니까?

(3) 투안은 잘못에 대해 어떻게 생각하고 있습니까?

(4) 투안의 다짐은 무엇입니까?

2. 회사에서 실수한 적이 있습니까? 시말서를 써 보세요.

시말서

소속 :

지위 :

성명 :

년 월 일

귀하

새 어휘

가슴이 철렁하다	분명하다	손해
혼나다	교훈	손해를 끼치다
욕심을 부리다	집중하다	통감하다
깔끔하다	시말서	반성하다
진심을 담다	기일을 맞추다	다짐하다

24 사랑을 받으려면 내가 먼저 표현해야 하는 것 같습니다

학습 목표

- 사내 방송과 관련된 어휘를 알고 표현할 수 있다.
- 회사 부서 사람들에게 감사의 말을 전할 수 있다.

어휘: 사내 방송, 감사 표현

문법: -(으)려면, -기 바라다

듣고 말하기

안지민: 안녕하세요? '사내 방송은 행복을 싣고'의 아나운서 안지민입니다. 오늘은 특별한 손님을 모셨는데요. 자기소개를 부탁드려도 될까요?

투 안: 네, 안녕하세요? 저는 영업팀 투안입니다.

안지민: 사내 방송을 통해 꼭 하고 싶은 말이 있다고 들었는데요.

투 안: 네, 곧 있으면 연말인데요. 우리 팀 사람들에게 감사하다는 말을 전하고 싶습니다. 영업팀 여러분! 감사합니다. 그리고 사랑합니다.

안지민: 투안 씨처럼 사랑을 받으려면 내가 먼저 표현해야 하는 것 같습니다. 감사합니다. 투안 씨처럼 출연을 원하시는 직원분들은 지금 바로 문자와 이메일로 신청해 주시기 바랍니다.

방송	싣다	통하다	표현하다

1. 말해 보세요.

[보기]

안지민	투안
하고 싶은 말이 있다고 들었는데요.	영업 팀 여러분! 감사합니다. 그리고 사랑합니다.

(1) 감사의 말을 하고 싶다고 들었는데요.	함께 수고해 주신 우리 팀 여러분들께 진심으로 감사드립니다.
(2) 전하고 싶은 말이 있습니까?	보내 주신 성원에 보답하겠습니다.

2. 같은 팀 사람, 동료들과 감사의 인사를 나누어 보세요.

3. 다음을 듣고 들은 내용과 같으면 O, 다르면 X 하세요.

(1) 투안은 영업팀 사람들에게 감사하다고 했습니다. (○ , ×)

(2) 사내 방송에 나오려면 문자로 신청할 수 있습니다. (○ , ×)

4. 다음을 듣고 빈칸에 들어갈 말을 쓰세요.

(1) 안지민 : 안녕하세요? '　　　　　　'의 아나운서 안지민입니다.
오늘은 특별한 　　　　　　. 자기소개를 부탁드려도 될까요?
투안 : 네, 안녕하세요? 저는 영업팀의 투안입니다.

(2) 안지민 : 사내 방송을 통해 꼭 　　　　　　 들었는데요.
투안 : 네, 곧 있으면 　　　　　　. 우리 팀 사람들에게 감사하다는 말을 전하고 싶습니다. 영업팀 여러분! 　　　　　　.
그리고 　　　　　　.

(3) 안지민 : 투안 씨처럼 　　　　　　 내가 먼저 표현해야 하는 것 같습니다. 투안 씨처럼 　　　　　　 직원분들은 지금 바로 문자와 이메일로 　　　　　　.

5. 다음을 듣고 이어지는 말을 고르세요.

(1) (답: 　　　　　　)

① 앞으로 잘 부탁드립니다.
② 신제품 소개를 해 주시기 바랍니다.
③ 안녕하세요. 생산팀의 짱이라고 합니다.
④ 지난번에 투안 씨한테 부탁을 받았습니다.

(2) (답: 　　　　　　)

① 전해 주고 싶은 것이 있는데 지금 찾아가도 될까요?
② 지금 자리에 계시지 않는데 전하실 말씀이 있으세요?
③ 돌아오시면 연락 부탁드린다고 전해 주시기 바랍니다.
④ 우리 영업팀 사람들에게 고맙다는 말을 전하고 싶습니다.

6. 다음을 듣고 메모하세요.

안지민	(1) 오늘 사연은 ________________.
얼마 전 방송	(2) 우리 팀 ________________. (3) 안지민 아나운서가 ________________.
이유미	(4) 베트남에서 일한 지 ________________. (5) 이 년 동안 ________________.
하고 싶은 말	(6) 진심으로 ________________. (7) 그리고 ________________.

7. 여러분 주변에서 감사한 사람들의 이야기를 찾아 말해 보세요.

회사 사람들	부모님	선생님
친구	이웃	________

읽고 말하기

1. 다음을 읽고 내용과 같으면 O, 다르면 X 하세요.

【사내 방송은 행복을 싣고】 출연자 모집 공고

'사내 방송은 행복을 싣고'의 연말 특집 방송에 출연한 직원 분들을 모집합니다. 회사 생활에서 겪은 재미있는 에피소드를 들려 주세요. 사전 예선을 통해 총 5명의 출연자를 선발하여 진행되며 가장 재미있게 이야기를 전해 주시는 분을 최종 우승자로 선발합니다. 관심이 있으신 분은 사내 방송팀 이메일로 신청해 주시기 바랍니다.

'나 이런 적도 있다'
회사에서 겪은 재미있는 이야기! 오늘 밤 우승은 나야! 나!
회사에서 겪은 재미있는 경험을 들려주실
직원 여러분들을 모집합니다.

1) 응모 자격 : 우리 회사 직원 누구나
2) 응모 기간 : 20○○년 11월 30일까지!
3) 우승 상품 : 한국 여행 상품권(왕복 항공권, 한화 50만원 상당 상품권)
4) 응모 방법 : 사내 방송팀 이메일로 지원 : happyBS@vmail.com
5) 우승자 선정 방법 : 생방송 중 회사 직원 분들의 실시간 문자 투표

문의 : 사내 방송팀(내선번호 2134)

(1) 사내 방송에서 일할 직원을 모집하고 있습니다. (○ , ×)

(2) 모집에 관심이 있는 사람은 이메일로 신청해야 합니다. (○ , ×)

(3) 우승자는 생방송 중에 결정됩니다. (○ , ×)

(4) 여행에서 경험한 재미있는 일을 이야기하면 됩니다. (○ , ×)

2. 모집 공고를 보고 동료와 이야기해 보세요.

[보기]

가: 사내 방송 출연 모집 공고 봤어요?

나: 아니요. 무슨 모집이에요?

가: 회사에서 겪은 재미있는 일을 이야기해 줄 출연자를 모집한다고 해요.

나: 재미있겠네요. 모집 마감이 언제까지예요?

가: 11월 30일까지예요. 제일 재미있게 이야기한 사람에게 우승 상품도 준다고 해요.

나: 우승 상품이요? 무엇을 주는데요?

가: 한국 여행 상품권이요. 한번 해 볼까요?

나: 네, 저도 해 볼래요. 신청하려면 어떻게 해야 해요?

가: 사내 방송팀 이메일로 신청하면 돼요.

나: 고마워요. 저도 공고를 찾아봐야겠어요.

2. 모집 공고를 보고 동료와 이야기해 보세요.

<출연자 모집 공고>

모집 프로그램 :

모집 내용 :

1) 응모 자격 :

2) 응모 기간 :

3) 응모 방법 :

4) :

5)

문 의 : 사내 방송팀(내선번호 2134)

읽고 쓰기

1. 다음을 읽고 질문에 답하세요.

보내는 사람 : yumi@vmail.com

받는 사람 : happyBS@vmail.com

제목 : 사내 방송 출연을 신청합니다.

안녕하세요? 영업팀의 이유미라고 합니다. 출연자 모집 공고를 보고 메일 드립니다. 제가 소개할 회사에서 겪은 에피소드는 다음과 같습니다.

제목 : 메시지를 보내려면 제대로 보내세요.

올해 여름이었는데요. 월요일 아침에 늦게 일어나서 아침도 못 먹고 회사로 달려갔습니다. 다행히 지각을 하진 않았는데요. 입이 텁텁해서 껌을 먹고 싶어서 친한 동료에게 껌 있으면 하나만 달라고 회사 컴퓨터로 메시지를 보냈습니다. 그런데 그날 저를 만나는 사람마다 껌을 주는 게 아니겠어요? 점심시간 쯤 되니까 제 책상에는 껌이 가득 쌓였습니다. '이게 무슨 일이지?' 하고 컴퓨터를 봤는데요. 제가 아침에 친한 동료한테 보낸 메시지가 개인 메시지가 아니라 우리 팀 전체 메시지로 간 것이었습니다.

(1) 이 사람은 왜 이메일을 썼습니까?

(2) 이 사람은 왜 회사로 달려갔습니까?

(3) 이 사람은 왜 껌을 달라고 메시지를 보냈습니까?

(4) 이 사람은 왜 많은 사람들에게 껌을 받았습니까?

2. 회사에서 겪은 재미있는 일을 써 보세요.

'나 이런 적도 있다'

제목 :

새 어휘

사연	최종	투표
용기를 내다	우승자	입이 텁텁하다
빠짐없다	한화	껌
짜증을 내다	선정	전체 메시지
에피소드	실시간	

25 회사에서 일한 지 이 년이 되었어요

학습 목표

- 시간이 얼마나 지났는지 표현할 수 있다.
- 송년회와 신년회와 관련된 어휘를 사용할 수 있다.

어휘: 송년회, 신년회

문법: -고 나다, -(으)ㄴ 지 시간이 되다

듣고 말하기

노 과장: 한 해가 저물고 있습니다. 한 해 동안 수고해 준 여러분, 정말 감사합니다.

모 두: 감사합니다. 수고하셨습니다.

정 세 아: 시간이 정말 빠르네요.

투 안: 네, 입사한 지가 엊그제 같은데 일한 지 벌써 이 년이 되었어요.

유 미: 정말 그러네요. 처음 입사했을 때는 힘들었는데 지나고 나니까 모두 좋은 기억만 남은 것 같아요.

노 과장: 맞습니다. 그리고 어려움을 겪고 나면 더 성장하게 되지요. 내년에도 함께 잘해 봅시다.

동안	성장하다	엊그제 같다
수고하다	한 해가 저물다	힘들었는데[힘드런는데]
기억	어려움을 겪다	기억만[기엉만]

1. 말해 보세요.

[보기]	노 과장	직원
	한 해가 저물고 있다	입사한 지 엊그제 같다

(1) 지난 일 년이 다사다난했다 / 한 해를 돌이켜보다

(2) 한 해 마무리 잘하다 / 새해를 시작했던 때가 엊그제 같다

2. 신년회에서 어떤 대화를 나눌 수 있을까요? 이야기해 보세요.

3. 다음을 듣고 들은 내용과 같으면 O, 다르면 X 하세요.

(1) 투안 씨는 회사에 들어온 지 이 년이 됐습니다. (○ , ×)

(2) 유미 씨는 회사에서 어려움 없이 잘 지냈습니다. (○ , ×)

4. 다음을 듣고 빈칸에 들어갈 말을 쓰세요.

(1) 노 과장: 한 해가 __________ 있습니다.
__________ 수고해 준 여러분, 정말 감사합니다.
모두: 감사합니다. __________.

(2) 정세아: 시간이 정말 __________.
투안: 네, 입사한 지가 __________ 일한 지 벌써 이 년이 되었어요.

(3) 유미: 정말 __________. 처음 입사했을 때는 힘들었는데 __________ 모두 좋은 기억만 남은 것 같아요.
노 과장: 맞습니다. 그리고 어려움을 __________ 더 성장하게 되지요. 내년에도 함께 __________.

5. 다음을 듣고 이어지는 말을 고르세요.

(1) (답:)

① 처음 입사했을 때예요.
② 이 년 전부터 일했어요.
③ 입사했을 때가 엊그제 같아요.
④ 투안 씨는 취직을 하게 됐어요.

(2) (답:)

① 제가 처음 시작했어요.
② 좋은 기억이 되기 바랍니다.
③ 그 때는 어려움을 겪었지요.
④ 잘 못하는 것이 많을 거예요.

6. 들은 것과 같은 것은 무엇입니까? (답:)

① 오늘 새해가 밝았습니다.
② 회사 강당에서 종무식을 합니다.
③ 저녁에 종무식을 하려고 합니다.
④ 종무식을 하고 나서 점심을 먹습니다.

7. 12월 31일에 무엇을 합니까? 1월 1일에는 무엇을 합니까? [보기]와 같이 이야기해 보세요.

[보기]

가: 투안 씨, 연말연시를 어떻게 보냈어요?

나: 저는 12월 31일에 회사에서 종무식을 마치고 나서 퇴근을 했어요. 그리고 친구들을 만나서 파티를 했어요.

가: 저는 12월 31일에는 가족들과 같이 저녁을 먹고 나서 텔레비전을 보면서 쉬었어요. 그리고 1월 1일에 일출을 보고 나서 떡국을 먹었어요.

[보기]	연말연시
투안	1. 회사에서 종무식을 마치고 나서 퇴근을 했어요. 2. 친구들을 만나서 파티를 했어요.
유미	1. 가족들과 저녁을 먹고 나서 쉬었어요. 2. 일출을 보고 나서 떡국을 먹었어요.
나	
동료	

읽고 말하기

1. 다음을 읽고 질문에 답하세요.

우리 팀 직원들은 잘하는 것이 많습니다. 부장님은 기타를 아주 잘 치십니다. 기타를 고등학교 때부터 쳤으니까 기타를 친 지 30년이 됐습니다. 노 과장님은 탁구를 좋아하십니다. 옛날에 탁구 선수가 꿈이었다고 하셨습니다. 과장님은 탁구를 배운 지 20년이 흘렀습니다. 그리고 정 대리님은 베트남어를 베트남 사람처럼 할 수 있습니다. 대리님은 베트남에 산 지 7년이 되었습니다. 정말 멋있습니다.

(1) 부장님에 대한 설명이 맞는 것은 무엇입니까? (답:)

① 탁구 선수가 꿈이었습니다.

② 탁구를 친 지 30년이 지났습니다.

③ 기타를 배운 지 20년이 됐습니다.

④ 기타를 고등학교 때부터 쳤습니다.

(2) 맞으면 ○, 틀리면 × 하세요.

① 정 대리는 베트남어를 잘 못합니다. (○ , ×)

② 정 대리는 베트남에 7년 전부터 있었어요. (○ , ×)

2. 여러분은 어떤 일을 한 지 시간이 얼마나 지났나요? [보기]와 같이 이야기해 보세요.

[보기]
가: 프엉 씨는 영화 '타이타닉'을 봤어요?
나: 네, 본 적이 있어요. 그 영화를 본 지 10년이 됐어요.
가: 영화가 어땠어요?
나: 정말 감동적이었어요. 영화를 보고 나서 눈물이 계속 났어요.

프엉	뭘 했어요?	영화 '타이타닉'을 봤어요.
	시간이 얼마나 됐어요?	그 영화를 본 지 10년이 됐어요.
	어땠어요?	정말 감동적이었어요. 영화를 보고 나서 눈물이 계속 났어요.
나	뭘 했어요?	
	시간이 얼마나 됐어요?	
	어땠어요?	
동료	뭘 했어요?	
	시간이 얼마나 됐어요?	
	어땠어요?	

읽고 쓰기

1. 다음을 읽고 질문에 답하세요.

고 지 윤 부장님 귀하

새해가 밝았습니다.

다사다난했던 지난 한 해 동안 보내주신 관심에
깊은 감사의 말씀을 드립니다.
직접 찾아뵙고 인사를 드려야 하는데
이렇게 서면으로 인사드리는 것을 양해해 주십시오.
새해에는 가족과 직장에 건강과 행운이 가득하고
희망이 넘치는 한 해를 보내시길 바랍니다.
새해 복 많이 받으십시오.

1월 1일 새해 아침
(주)베한전자 대표 이사 김 채 욱 드림

(1) 윗글을 읽고 알 수 없는 것은 무엇입니까? (답:)

① 연하장을 쓴 날

② 연하장을 받는 날

③ 연하장을 받는 사람

④ 연하장을 보내는 사람

(2) 맞으면 ○, 틀리면 × 하세요.

① 김 대표와 고 부장은 작년에도 알고 지냈습니다. (○ , ×)

② 김 대표는 고 부장을 만나서 연하장을 주려고 합니다. (○ , ×)

2. 지난 한 해 감사한 분께 연하장을 써 보세요.

_______ 귀하

1월 1일 새해 아침

_______ 드림

새 어휘

없이	기타를 치다	찾아뵙다
마치다	탁구 선수	서면으로 인사드리다
참석하다	처럼	양해하다
모이다	감동적이다	행운
일출을 보다	깊은 감사의 말씀을 드립니다	가득하다
떡국을 먹다	직접	알고 지내다

베트남인을 위한

비즈니스 한국어 초급활용

부록

부록

듣기 대본

1과

3~4.

김 부장: 여러분, 오늘 우리 부서로 전근 온 투안 씨를 소개합니다.

투 안: 안녕하십니까? 오늘부로 영업팀으로 발령을 받은 투안이라고 합니다.

김 부장: 자, 투안 씨가 일할 자리는 저기예요.

투 안: 네, 감사합니다. 앞으로 잘 부탁드립니다.

김 부장: 우리 부서에 일 잘하고 좋은 사람이 많아요. 배울 게 많을 거예요.
여러분들이 많이 도와주세요.

투 안: 감사합니다. 앞으로 잘 부탁드립니다.

5. 김 부장: 투안 씨, 자기소개 부탁해요.
김 부장: 자, 첫 출근 축하해요. 열심히 하세요.

6.

유 미: 투안 씨, 전에 근무한 팀은 어땠어요?

투 안: 저는 전에 총무팀에서 근무했어요. 어렵지만 재미있었어요.

유 미: 총무팀 사람들은 어때요?

투 안: 총무팀에는 일을 열심히 하는 사람도 많고 재미있는 사람들도 많아요. 하하하

유 미: 그래요? 우리 영업팀에는 밥을 많이 먹는 사람이 많아요.
호호호. 점심시간에 한번 보세요.

투 안: 네, 그럴게요.

2과

3~4.

김 부장: 업무 인수인계는 정세아 대리가 해 줄 거예요.

투 안: 네, 알겠습니다. 감사합니다.

- 잠시 후 -

정세아: 인수인계 파일을 이메일로 보냈어요. 이해가 안되면 바로 물어보세요.

투 안: 네, 감사합니다. 살펴보고 모르는 것이 있으면 말씀드리겠습니다.

정세아: 영업팀은 일이 많아서 업무를 빨리 익혀야 돼요. 열심히 하세요.

투 안: 네. 최대한 빨리 업무를 파악하겠습니다.

5. (1) 김 부장: 투안 씨, 업무를 다 파악했어요?
   (2) 정세아: 아까 보낸 메일 확인했어요?

6.

정세아: 투안 씨, 회의 자료를 메일로 보냈어요?

투 안: 아니요. 안 보냈어요.

정세아: 회의 전에 자료를 확인해야 해요.
회의에 필요한 자료를 모든 팀원에게 메일로 보내 주세요.

투 안: 네, 알겠습니다. 그런데 한국어로 업무 메일을 잘 못 써요. 어려워요.

정세아: 인사말을 쓰고 그다음에 하고 싶은 말을 쓰세요. 마지막에 '투안 드림'이라고 쓰세요. 제가 보낸 메일하고 비슷하게 써 보세요.

투 안: 네, 알겠습니다.

정세아: 잘 모르면 보내기 전에 보여 주세요. 확인할게요.

투 안: 고맙습니다.

3과

3~4.

투　안: 정 대리님, 컴퓨터에 문제가 있을 때는 어떻게 해야 해요?

정세아: 왜요? 무슨 문제가 생겼어요?

투　안: 영업 관리 시스템에 접속이 안 돼요.

정세아: 그럼, 컴퓨터를 재부팅해 보세요.

투　안: 네, 그렇게 해 보겠습니다.

정세아: 그래도 안 되면 전산팀에 연락해 보세요.

5. (1) 투　안: 제 컴퓨터가 이상해요.
   (2) 김 부장: 그럼, 구매팀에 연락해 보세요.

6.

정세아: 투안 씨 보니까 내가 처음 발령 받았을 때가 생각나네요

투　안: 선배님, 처음 발령 받았을 때 이야기 좀 해 주세요.

정세아: 하하하, 그때 너무 긴장해서 손에 계속 땀이 났어요.

투　안: 네, 저도 지금 그래요.

정세아: 혹시 투안 씨, 지금 화장실 가고 싶지 않아요? 저는 첫날 일할 때 긴장해서 계속 화장실이 가고 싶었어요. 그래서 그날 7번이나 화장실에 갔어요.

투　안: 네, 맞아요. 저 지금 화장실 가고 싶어요.

정세아: 하하하, 빨리 가 보세요.

4과

3~4.

투 안: 유미 씨, 구매 목록표 작성은 다 했어요. 구매팀에 보내도 될까요?

유 미: 작성하고 검토도 했지요?

투 안: 네. 여러 번 검토했어요.

유 미: 대리님께 결재도 받았어요?

투 안: 아니요. 결재를 받고 보내야 돼요?

유 미: 당연하죠. 구매 건은 혼자 처리하면 안 돼요.
대리님께 결재 서류를 올리세요.

투 안: 아, 그렇군요. 알려 줘서 고마워요.

5. (1) 정세아: 투안 씨, 어제 올린 문서는 지금 결재했어요.
   (2) 투 안: 유미 씨, 회의 때 팀원들이 마실 커피를 사도 될까요?

6.

투 안: 유미 씨, 정 대리님께 보고서를 드렸는데 아직 결재가 안 났어요.

유 미: 아마 검토할 시간이 필요하실 거예요. 정 대리님이 요즘 바쁘시잖아요.

투 안: 제가 보고서를 처음 써서 실수가 많을 거예요. 휴, 걱정입니다.

유 미: 처음이면 실수해도 괜찮아요. 정 대리님이 수정해 주실 거예요.

투 안: 그러면 좋겠네요.

유 미: 저도 이상한 실수를 많이 해요. 실수하면서 업무를 배울 수 있어요.
너무 걱정하지 마세요.

5과

3~4.

투　안: 여러분, 이것 좀 보세요. 사내 잡지에 우리 팀 정 대리님 인터뷰가 나왔어요.

세　아: 아, 지난달에 홍보 팀 직원을 만났는데 자꾸 부탁해서요.

투　안: 대리님 사진이 정말 잘 나왔어요.

세　아: 고마워요. 참, 홍보팀에서 외국인 직원도 인터뷰하고 싶어 하는데 투안 씨가 해 보면 어때요?

투　안: 제가요? 잘할 수 있을까요?

세　아: 내가 홍보팀에 이야기해 줄게요. 만나서 이야기해 보세요.

5. (1) 투　안: 대리님 사진이 정말 잘 나왔어요.

(2) 정세아: 내가 홍보팀에 이야기해 줄게요. 만나서 이야기해 보세요.

6.

정세아: 철수 씨, 우리 영업팀에 투안 씨라고 있는데 다음 달 사내 잡지에 나오고 싶어 해요.

홍보팀: 그래요? 새로 온 직원이에요?

정세아: 네, 구매팀에서 우리 팀으로 전근 왔어요.

홍보팀: 그래요? 그럼 직접 가서 한번 만나 볼까요?

정세아: 그렇게 해 보세요. 우리 팀에서 일주일 일했는데 말도 재밌게 잘 해요.

홍보팀: 한번 만나 봐야겠네요. 좋은 정보 고마워요. 정 대리님.

6과

3~4.

이유미: 투안 씨, 혹시 지금 바빠요?

투 안: 네, 조금요. 거래처에 보낼 서류를 작성하고 있어요.

이유미: 그렇군요. 마치면 알려 주세요.

투 안: 무슨 일이에요? 급한 일이면 지금도 괜찮아요.

이유미: 아, 지금 영업 실적을 보면서 계산을 하고 있는데요.
수치가 잘 안 맞아서요. 같이 좀 봐 주세요.

투 안: 네. 그런 거라면 금방 할 수 있어요.

5. (1) 투 안: 유미 씨, 혹시 지금 바빠요?.
(2) 유 미: 투안 씨, 이것 좀 같이 봐 주세요.

6.

이유미: 투안 씨, 바쁘지 않으면 저 좀 도와줄 수 있어요?

투 안: 네, 잠깐이면 괜찮아요. 무슨 일이에요?

이유미: 거래처 목록을 확인하면서 신제품 홍보물을 이메일로 보내고 있어요.
그런데 이메일이 잘못된 곳이 많아요.

투 안: 그래요? 음, 이 목록은 작년 거예요. 올해 새로 만든 거래처 목록을
보세요.

이유미: 아, 그렇군요. 그런데 저한테 올해 거래처 목록이 없어요.

투 안: 저한테 목록이 있어요. 제가 지금 보낼 거니까 그걸 보세요.

7과

3~4.

투 안: 과장님, 여기 사유서에 서명 좀 부탁드립니다.

과 장: 보안 위반 사유서? 무슨 일이 있었어요?

투 안: 제가 어제 컴퓨터를 끄지 않고 퇴근했습니다.

과 장: 저런, 투안 씨. 우리 회사는 보안을 매우 엄격하게 관리하니까 조심해야 돼요.

투 안: 죄송합니다. 어제 퇴근하려고 할 때 급한 연락이 와서 컴퓨터 끄는 걸 잊어버렸습니다.

과 장: 이런 일로 벌점이 쌓이면 인사고과에서 좋은 점수를 받을 수 없으니까 항상 신경 쓰세요.

5. (1) 과 장: 투안 씨, 보안 서약서에 서명했어요?

 (2) 투 안: 어제 퇴근할 때 컴퓨터를 껐지요?

6.

유 미: 투안 씨, 어제 점심 식사 후에 어디에 있었어요?

투 안: 강당에서 보안 교육을 받았어요.

유 미: 아, 그렇군요. 영업팀 보안 규정이 강화됐지요?

투 안: 맞아요. 영업 비밀 유출을 방지하려고 해서 규정을 강화한 것 같아요.

유 미: 영업 비밀 보안 유지 서약서도 썼어요?

투 안: 네, 서명하고 제출했어요.

8과

3~4.

태 수: 프엉 씨, 사내 게시판 봤는데 금요일까지 장기 자랑 대회 참가 신청을 받고 있어요.

프 엉: 네. 저도 봤어요.

태 수: 저하고 같이 나가 볼래요? 프엉 씨 노래 잘하잖아요.

프 엉: 아니에요. 전 사람들이 많으면 부끄러워서 노래를 못 불러요.

태 수: 요즘 인기 있는 텔레비전 프로그램처럼 가면을 쓰고 나가는 건 어때요? 제가 옆에서 춤을 출게요.

프 엉: 음…. 한번 생각해 볼게요.

5. (1) 여 자: 휴게실에서 커피 한잔 마실래요?

(2) 남 자: 누가 회의 준비를 할래요?

6.

태 수: 프엉 씨, 게시판 봤어요?
다음 달에 우리 팀하고 영업팀이 같이 야유회를 가요.

프 엉: 아, 그래요? 야유회가 언제예요?

태 수: 5월 14일 토요일이에요.

프 엉: 어디로 가요?

태 수: 밴프(Banff) 국립공원이요.

프 엉: 우와! 그럼 이번에도 회사 버스를 타고 가겠네요?

태 수: 맞아요. 아침 8시에 회사 정문에서 출발해요.
간식하고 모자를 준비하면 돼요.

9과

3~4.

유　미: 이번 배드민턴 대회 유니폼으로 파란색이 어때요?

투　안: 파란색보다 빨간색이 더 낫지 않을까요?
　　　　다른 팀원들에게도 물어보고 결정하는 게 좋겠어요.

유　미: 그렇게 해요. 그런데 우리 팀이 이번에 우승할 수 있을까요?

투　안: 그럼요. 열심히 훈련했으니까 결과도 좋을 거예요.

유　미: 하긴 그동안 우리 모두 최선을 다했잖아요.

투　안: 우리 회사의 우승을 위해 마지막까지 힘내요. 아자!

5. (1) 직　원: 손님한테는 검은색보다 하얀색이 더 어울리시네요.
   (2) 투　안: 사무실에서 옷을 어떻게 입으면 좋을까요?

6.

투　안: 희주 씨, 여기 앉으세요. 저기 빨간색이 우리 팀이에요.

희　주: 네, 고마워요. 저는 이렇게 경기장에서 응원하는 거, 처음이에요.

투　안: 그래요? 저는 자주 와서 봐요.
　　　　이렇게 하면 동료들하고 친해질 수 있고 스트레스도 많이 풀려요.

희　주: 그렇겠어요. 직접 보니까 더 재미있네요.

투　안: 자, 이제 우리 같이 크게 응원해요.

10과

3~4.

태 수: 프엉 씨, 아까부터 인터넷이 잘 안 되네요. 이상하다.

프 엉: 비가 와서 그런 것 같아요.

태 수: 와! 정말 비가 억수같이 내리네요.
바람도 많이 불고.

프 엉: 며칠 너무 더웠는데 좀 시원해질 것 같아요.

태 수: 저는 우산이 없는데 혹시 우산을 가지고 왔어요?

프 엉: 네. 저한테 두 개 있으니까 하나 빌려 줄게요.

5. (1) 남 자: 아까부터 인터넷이 잘 안 되네요.
(2) 남 자: 혹시 우산을 가지고 왔어요?

6.

날씨를 말씀드리겠습니다. 오늘 대부분 지역이 구름이 많고 흐리겠습니다. 다낭은 오전에 비가 내리고 저녁에 그치겠습니다. 호찌민은 오늘 덥겠는데요. 낮 기온이 32도까지 올라가겠습니다. 하노이 지역은 낮 최고 기온 19도로 어제와 비슷하겠습니다. 날씨였습니다.

11과

3~4.

유 미: 투안 씨, 휴가 계획을 세웠어요?
저는 이번 연휴에 무이네에 가기로 했어요.

투 안: 남쪽으로 가네요. 무이네는 자연이 아름다워요.
특히 사막으로 유명해요.

유 미: 맞아요. 사진에서 봤어요. 투안 씨는 고향에 갈 거예요?

투 안: 글쎄요. 일정이 맞지 않아서 못 갈 것 같아요. 그냥 집에서 쉴까 해요.

유 미: 투안 씨 고향이 좀 멀지요? 이번 휴가가 짧아서 갔다 오기가 어렵겠네요.

투 안: 그러게요. 휴가 즐겁게 보내고 오세요.

5. (1) 유 미: 프엉 씨 고향은 교통이 편리해요?
(2) 투 안: 장기자랑에서 뭐 하기로 했어요?

6.

투 안: 유미 씨 고향은 어디예요?

유 미: 서울이에요.

투 안: 서울은 한국의 수도지요? 사진에서 봤어요. 아주 현대적이었어요.

유 미: 네. 서울은 큰 도시예요. 인구가 많고 교통도 복잡해요.

투 안: 그런데 오래된 건물도 많은 것 같아요.

유 미: 네. 서울은 역사가 오래됐어요. 그리고 아주 빨리 발달했어요.
그래서 전통적인 모습과 현대적인 모습을 함께 볼 수 있어요.

12과

3~4.

프 엉: 유미 씨, 기분이 좋아 보여요. 무슨 생각을 하고 있어요?

유 미: 여행 생각을 하고 있었어요.

프 엉: 맞다. 이번 휴가 때 무이네에 가지요? 표를 샀어요?

유 미: 네. 지난 주말에 여행사에 가서 비행기 표를 예매하고 숙소도 예약했어요.

프 엉: 여행사요? 인터넷이 더 싸지 않아요?

유 미: 인터넷을 찾아보니까 정보가 너무 많아서 복잡했어요. 여행사에 가니까 궁금한 것을 바로 물어볼 수 있어서 좋았어요. 비행기 표도 별로 비싸지 않았어요.

5. (1) 유 미: 어제 만난 사람은 어땠어요?
   (2) 투 안: 요즘 바빠서 스트레스가 좀 많아요. 좋은 방법이 없을까요?

6.

응 옥: 로안 씨, 많이 바빠 보이네요.

로 안: 네. 다음 주 출장 준비를 하고 있어요.

응 옥: 이번에 처음 출장을 가지요? 준비는 다 됐어요?

로 안: 네. 숙소와 교통편 예약은 다 했어요. 그런데 너무 긴장돼요. 거래처에서 한국어가 생각 안 나면 어떡하지요?

응 옥: 로안 씨 혼자 가요?

로 안: 아니요. 김 대리님하고 같이 가요.

응 옥: 그러면 너무 걱정하지 마세요. 김 대리님이 도와주실 거예요. 잘 다녀오세요.

로 안: 네. 잘 다녀올게요.

13과

3~4.

의　사: 어디가 불편하세요?

투　안: 머리가 아파서 왔는데요. 콧물도 나요.

의　사: 자, 입을 '아~'하고 벌려 보세요. 목이 부었네요. 기침도 하나요?

투　안: 네. 기침도 하고 숨 쉬기가 불편해요.

의　사: 감기에 심하게 걸렸네요. 며칠 약을 먹고 푹 쉬세요.
약은 하루 세 번, 식후에 드세요.

투　안: 네, 알겠습니다.

5. (1) 투　안: 의사 선생님, 하루에 약을 몇 번 먹어야 하나요?
(2) 의　사: 언제부터 열이 났나요?

6.

의　사: 처방전을 써 드릴게요. 약국에 가서 약을 받으세요.

환　자: 네, 언제까지 약을 먹으면 되나요?

의　사: 약을 3일 드시고 병원에 다시 오세요.

환　자: 3일 후는 토요일인데 문을 열어요?

의　사: 네, 오전에는 문을 열어요. 오후 1시 전까지 오시면 됩니다.

환　자: 알겠습니다. 감사합니다.

14과

3~4.

정세아: 투안 씨, 얼굴이 아주 안 좋아 보여요. 양호실에 다녀왔어요?

투　안: 네, 대리님. 약을 먹어도 효과가 별로 없는 것 같아요.
　　　　머리가 많이 아파요.

정세아: 오늘은 일찍 들어가는 게 어때요?

투　안: 그럼 저…, 조퇴해도 될까요?

정세아: 그럼요. 조퇴 신청서를 작성해서 과장님께 제출하세요.
　　　　아마 허락해 주실 거예요.

투　안: 그렇게 하겠습니다. 고맙습니다.

5. (1) 투　안: 오늘 제가 몸살이 심한데 회의를 다음 주에 해도 될까요?
   (2) 의　사: 조퇴 신청서를 과장님께 제출했어요?

6.

약　사: 어서 오세요. 어떻게 오셨어요?

환　자: 병원에서 처방전을 가지고 왔어요.

약　사: 네, 이쪽으로 주세요. 잠깐만 기다리세요.

- 잠시 후 -

약　사: 약 나왔습니다. 하루에 세 번 식후에 물과 함께 드시면 됩니다.
　　　　이게 코 감기약인데 이걸 먹으면 조금 잠이 올 수 있어요.

환　자: 물약은 어떻게 먹어요?

약　사: 다른 알약과 함께 드시면 됩니다. 약값은 1,500원입니다.

환　자: 네, 여기 있습니다.

약　사: 감사합니다. 안녕히 가세요.

15과

3~4.

프 엉: 유미 씨, 무이네에 잘 다녀왔어요?

유 미: 네, 진짜 좋았어요. 사막이 무척 아름답더라고요.
사막을 처음 봐서 정말 신기했어요.

프 엉: 좋았겠네요. 바다에도 갔어요?

유 미: 네. 서핑을 했는데 정말 재미있더라고요.
프엉 씨, 서핑해 봤어요?

프 엉: 아니요. 무서울 것 같아요.
그렇지만 한번 해 보고 싶어요.

유 미: 그럼, 다음 휴가 때 우리 같이 파도 타러 가요.

5. (1) 유 미: 투안 씨, 인터넷 쇼핑을 해 봤어요?
(2) 투 안: 유미 씨, 바다에서 낚시를 해 봤어요?

6.

유 미: 투안 씨, 한국에 잘 다녀왔어요?

투 안: 네, 정말 좋았어요. 사람들이 친절하고 음식이 제 입에 딱 맞더라고요.

유 미: 그래요? 갈비도 먹어 봤어요?

투 안: 아니요. 갈비는 못 먹어 봤어요.
그런데 삼겹살하고 불고기를 정말 많이 먹었어요.

유 미: 우와! 좋았겠네요. 덕수궁에도 가 봤어요?

투 안: 네. 덕수궁을 구경하고, 덕수궁 옆 미술관에도 가 봤어요.

16과

3~4.

정세아: 투안 씨, 왜 아직 퇴근 안 했어요? 일이 많아요?

투 안: 내일까지 출장 보고서를 내야 해요.
그런데 이 표를 어떻게 쓰는지 잘 모르겠어요.

정세아: 어디 봐요. 아, 그 표에는 출장 가서 어디를 방문했는지 순서대로 쓰면 돼요.

투 안: 제가 출장 때 방문한 회사를 전부 쓰는 거예요?

정세아: 네, 맞아요. 같이 방문한 사람과 청구할 출장비도 그 옆에 쓰고요.

투 안: 아, 그래요? 이제 대리님 덕분에 퇴근할 수 있게 되었어요. 감사합니다.

5. (1) 남 자: 오후 회의에 참석 못할 것 같은데 어떡하지요?
   (2) 투 안: 유미 씨, 출장비는 어떻게 청구해요?

6.

김재호: 프엉 씨, 뭘 그렇게 고민하고 있어요?

프 엉: 아, 대리님. 회의록을 어떻게 하면 잘 쓸 수 있는지 모르겠어요.

김재호: 중요한 내용만 간단하게 정리해서 쓰면 돼요.

프 엉: 네. 그런데 제가 회의 때 하는 말씀을 따라 갈 수 없어서 힘들어요.

김재호: 노트북을 사용하는 게 어때요? 손으로 쓰는 것보다 빠를 거 같은데요.

프 엉: 한국어로 타이핑하는 속도가 느려서요.

김재호: 그렇군요. 그러면 제가 메모한 것을 참고할래요?

프 엉: 그래도 될까요? 감사합니다.

17과

3~4.

서진수: 잠깐만요! 짱 씨! 안전 장갑은 어디에 있어요?

짱: 호주머니 안에…. 아, 탈의실에 두고 온 것 같아요.

서진수: 작업장에 들어오기 전에 안전 장갑을 껴야 하잖아요. 알고 있지요?

짱: 죄송합니다. 앞으로는 주의하겠습니다.

서진수: 작업장에서는 위험한 일이 생길 수 있기 때문에 늘 안전 수칙을 지켜야 해요.

짱: 네, 알겠습니다. 다시 탈의실에 다녀오겠습니다.

5. (1) 유 미: 제가 이 아이스크림 좋아하는 거 어떻게 알았어요?
   (2) 투 안: 주말에 왜 동호회 모임에 안 왔어요?

6.

유 미: 투안 씨, 사무실 안전 수칙에 대해서 들어 봤어요?

투 안: 사무실 안전 수칙이요? 사무실은 위험하지 않잖아요.

유 미: 아니에요. 사무실에서 일어나는 사고가 생각보다 많더라고요.

투 안: 그래요? 아, 작년에 저도 서류 상자에 걸려서 넘어졌어요.
너무 아파서 병원에도 갔어요.

유 미: 그래요? 저는 지난달에 칼에 베여서 양호실에 갔어요.

투 안: 아이고, 사무실에서도 조심할 것이 참 많네요.

18과

3~4.

김재호: 프엉 씨, 화재 대피 훈련은 처음 해 봤지요?

프　엉: 네. 갑자기 비상벨이 울려서 놀랐어요.

김재호: 혹시라도 화재가 나면 잘 대피할 수 있도록 미리 연습하는 거예요.

프　엉: 아까는 정말 무서웠어요. 화재가 나지 않도록 미리 조심해야겠어요.

김재호: 그런데 아까 보니까 비상구에 우리 팀 짐이 있더라고요.

프　엉: 비품실이 좁아서 통로에 뒀는데 지금 바로 치워야겠어요.

5. (1) 유　미: 감기에 걸린 것 같아요.

   (2) 투　안: 오늘 점심 메뉴가 불고기더라고요.

6.

김재호: 프엉 씨, 한국어 시험은 잘 준비하고 있어요?

프　엉: 네, 대리님. 열심히 준비하고 있는데 듣기가 너무 어려워요.

김재호: 그래요? 이번 한국어 시험 점수가 승진 점수에 들어가는 거지요?

프　엉: 맞아요. 그래서 너무 걱정이에요.

김재호: 한국어 듣기를 잘할 수 있도록 한국 드라마를 많이 보는 게 어때요?
재미있게 공부할 수 있을 거예요.

프　엉: 아, 좋은 방법이네요. 오늘부터 한국 드라마를 열심히 봐야겠어요.

19과

3~4.

투 안: 안녕하십니까? 영업팀 투안입니다.

고채윤: 여보세요? 한국 건설 고채윤 부장입니다. 김 부장님 계십니까?

투 안: 지금 자리에 안 계십니다.
오전부터 회의하러 가셔서 부재중이신데요.

고채윤: 실례지만 몇 시쯤 회의가 끝날까요? 꼭 통화를 하고 싶은데요.

투 안: 두 시간 후면 마칠 것 같습니다.
회의가 끝나면 제가 부장님께 말씀드리겠습니다.

고채윤: 그렇게 해 주시면 감사하겠습니다.

5. (1) 유 미: 여보세요? 최 부장님 좀 바꿔 주세요.
(2) 투 안: 여보세요? 영업 담당자와 통화할 수 있을까요?

6.

짱: 여보세요. 거기 새별모니터지요?

로 안: 네. 저는 품질팀 로안입니다. 어디신가요?

짱: 안녕하세요? 여기는 마니 전자 짱 대리입니다.
조정우 대리님과 통화하고 싶은데요.

로 안: 지금 자리를 비우셨는데요. 급한 일이신가요?

짱: 네. 계약 건을 확인해야 해서요. 언제쯤 통화가 가능하실까요?

로 안: 오늘은 사무실로 다시 들어오지 않으실 것 같은데요.
휴대 전화로 연락해 보시겠어요?

짱: 그래요? 번호 좀 알려 주세요.

로 안: 009-2910-9374입니다. 저도 조 대리님께 문자 메시지 보내겠습니다.

짱: 고맙습니다.

20과

3~4.

투　안: 안녕하십니까? 베한전자 영업팀 투안입니다.

거래처: 여보세요? 저는 한국 건설 과장 김한규라고 합니다.

투　안: 네, 안녕하세요? 과장님.

거래처: 정세아 대리님 좀 바꿔 주시겠어요?

투　안: 외근 나가셨는데 메모 남겨 드릴까요?

거래처: 네. 그럼 요청한 자료를 이메일로 보냈다고 전해 주세요.
그리고 제가 전화 부탁한다고 말씀해 주세요.

투　안: 네, 그렇게 하겠습니다.

5. (1) 김 대리: 프엉 씨, 김 과장님께 일정을 여쭤 봤어요?
(2) 김 대리: 여보세요. 영업팀 김재호 대리입니다. 무슨 일이신가요?

6.

남: 여보세요? 거기 하나 마트인가요?

여: 네. 맞습니다.

남: 제가 일주일 전에 거기에서 청소기를 샀는데 청소기에서 좀 이상한 냄새가 나요.

여: 아, 그러세요?

남: 오늘 두 번째로 사용했는데, 처음에는 안 그랬어요.

여: 네, 손님. 그런데 지금 수리 기사가 자리에 없어서 정확한 답을 드릴 수 없습니다. 죄송하지만 성함과 연락처를 남겨 주시면 다시 전화 드리겠습니다.

남: 그래요? 제 이름은 꽝런이고, 전화번호는 28-31-203-339입니다.

여: 네, 손님. 빠른 시간 안에 다시 전화 드리겠습니다.

21과

3~4.

투　안: 정 대리님, 아까 한국 건설에서 전화가 왔어요.

정세아: 아, 그래요? 누가 전화했나요?

투　안: 김한규 과장님이 메일 보내셨으니 확인해 달라고 하셨어요.
그리고 연락도 부탁하셨어요.

정세아: 네, 고마워요. 다른 일은 없었어요?

투　안: 참, 부장님이 내일까지 보고서를 제출하라고 하셨어요.

정세아: 네, 알려 줘서 고마워요.

5. (1) 여　자: 팀장님이 구매 계약서를 찾으라고 하셨어요?
(2) 여　자: 김 대리님이 뭘 부탁하셨어요?

6.

투　안: 안녕하십니까? 영업팀 투안입니다.

김지선: 안녕하세요? 하롱베이 투어 김지선 과장입니다.
혹시 정세아 대리님 자리에 계신가요?

투　안: 지금 대리님이 회의 중이신데요. 메모 남겨 드릴까요?

김지선: 네, 제가 이메일로 견적서를 보냈는데 검토하고 연락해 달라고 좀 말씀드려 주세요.

투　안: 네, 알겠습니다. 그렇게 전하겠습니다.

김지선: 아, 그리고 출장 일정이 확정되었는지 한번 더 확인해 달라고 해 주세요.

22과

3~4.

유 미: 프엉 씨, 무슨 생각을 그렇게 해요?

프 엉: 오늘 처음 본 직원이 저한테 몇 살이냐고 물어보더라고요.
한국 사람들은 왜 이렇게 나이를 중요하게 생각해요?

유 미: 한국에서는 처음 만났을 때 나이를 물어보는 경우가 많아요.
한국어에 높임말이 있어서 나이를 중요하게 생각해요.

프 엉: 그래요? 그리고 그 직원이 다음에 밥 한번 먹자고 했는데 제가 연락을 해야 하나요?

유 미: 아, 한국에서는 인사로 밥 한번 먹자고 할 때도 있어요.
꼭 먹어야 하는 건 아니니까 걱정 마세요.

프 엉: 아, 정말요? 몰랐어요.

5. (1) 유 미: 프엉 씨, 과장님이 이번 달 우리 팀 영업 실적이 어떠냐고 물으셨어요.
(2) 프 엉: 회사 앞에 좋은 식당이 새로 생겼더라고요.

6.

유 미: 프엉 씨, 제가 어제 베트남 식당에 갔는데 주문하기 전에 식탁 위에 빵이 있더라고요.

프 엉: 유미 씨는 그게 서비스라고 생각했지요?

유 미: 네. 어떻게 알았어요?

프 엉: 한국 직원들이랑 베트남 식당에 가면 그게 서비스라고 생각하더라고요.

유 미: 네. 그래서 그 빵을 먹었는데 그것까지 계산을 해서 깜짝 놀랐어요.

프 엉: 한국 식당과 베트남 식당이 많이 다르지요?

23과

3~4.

부　장: 이 보고서 누가 썼어요?

투　안: 제가 썼습니다. 무슨 문제라도….

부　장: 보고서가 왜 이렇게 늦었지요? 어제까지 내라고 했는데 못 들었나요?

투　안: 죄송합니다. 제출 마감일이 오늘인 줄 알았습니다.

부　장: 그리고 거래처 회사명에 오타가 있으면 어떡합니까?
투안 씨 전에는 이런 적이 없었는데….

투　안: 죄송합니다. 바로 수정해서 결재 올리겠습니다.

5. (1) 남　자: 보고서를 어제까지 내라고 했는데 못 들었나요?
(2) 남　자: 거래처 회사명에 오타가 있으면 어떡합니까?

6.

투　안: 유미 씨, 유미 씨도 회사에서 실수한 적 있어요?

유　미: 그럼요. 저도 신입사원 때 실수한 적이 있지요.
지금도 그 때 생각하면 가슴이 철렁해요.

투　안: 왜요? 무슨 일이 있었는데요?

유　미: 제가 회사 동료한테 점심 먹자고 문자 메시지를 보냈는데요.
답장이 부장님한테 왔어요.

투　안: 네? 받는 사람을 잘못 보낸 거예요?

유　미: 네, 저는 동료한테 보낸 줄 알았는데요. 글쎄, 부장님한테 잘못 보낸 거 있지요? 부장님 안 계시니까 20분 먼저 나가자고 문자를 보냈는데….

투　안: 네? 하하하, 그래서 답장이 뭐라고 왔어요?

유　미: 당연히 안 된다고 답장이 왔지요. 20분 일 열심히 하라고 하시더라고요.

24과

3~4.

안지민: 안녕하세요. '사내 방송은 행복을 싣고'의 아나운서 안지민입니다. 오늘은 특별한 손님을 모셨는데요. 자기소개를 부탁드려도 될까요?

투 안: 네, 안녕하세요. 저는 영업팀 투안입니다.

안지민: 사내 방송을 통해 꼭 하고 싶은 말이 있다고 들었는데요.

투 안: 네, 곧 있으면 연말인데요. 우리 팀 사람들에게 감사하다는 말을 전하고 싶습니다. 영업팀 여러분! 감사합니다. 그리고 사랑합니다.

안지민: 투안 씨처럼 사랑을 받으려면 내가 먼저 표현해야 하는 것 같습니다. 감사합니다. 투안 씨처럼 출연을 원하시는 직원분들은 지금 바로 문자와 이메일로 신청해 주시기 바랍니다.

5. (1) 남 자: 자기소개를 부탁드려도 될까요?
   (2) 남 자: 사내 방송을 통해 꼭 전하고 싶은 말이 있다고 들었는데요.

6.

자, 오늘 소개해 드릴 사연은요. 영업팀 이유미 직원이 보내준 사연입니다. 안녕하세요. 저는 영업팀에 근무하는 이유미라고 합니다. 얼마 전에 우리 팀 투안 씨가 방송에 출연을 했는데요. 그 때 안지민 아나운서가 사랑을 받으려면 먼저 표현하라고 해서 용기를 내었습니다. 베트남에 와서 일한지 벌써 2년이 다 되어 가는데요. 2년 동안 하루도 빠짐없이 전화하셔서 제 안부를 묻는 부모님이 계십니다. 나는 괜찮으니까 걱정 말라고 짜증을 낸 적도 있는데요. 오늘은 세상에서 나를 제일 아껴주시는 부모님께 진심으로 감사하다고 사랑한다고 말을 전하고 싶습니다. 그리고 언제나 지금처럼 건강하시기 바란다고 전하고 싶습니다. 네, 이유미 직원님, 감사합니다. 따뜻한 마음이 잘 전해질 것이라고 믿습니다.

25과

3~4.

노 과장: 한 해가 저물고 있습니다. 한 해 동안 수고해 준 여러분 정말 감사합니다.

모　두: 감사합니다. 수고하셨습니다.

정세아: 시간이 정말 빠르네요.

투　안: 네, 입사한 지가 엊그제 같은데 일한 지 벌써 이 년이 되었어요.

유　미: 정말 그러네요. 처음 입사했을 때는 힘들었는데 지나고 나니까 모두 좋은 기억만 남은 것 같아요.

노 과장: 맞습니다. 그리고 어려움을 겪고 나면 더 성장하게 되지요. 내년에도 함께 잘해 봅시다.

5. (1) 노 과장: 투안 씨는 입사한 지 얼마나 됐어요?

   (2) 정세아: 처음 일을 시작했을 때 어땠어요?

6.

안내 방송: 우리 회사 직원 여러분께 알립니다. 오늘은 12월 31일, 한 해를 마무리하는 일 년의 마지막 날입니다. 오늘 점심 식사를 마치고 나서 오후 한 시에 종무식이 있으니 모두 참석해 주시기 바랍니다. 1층 강당에서 모이겠습니다. 한 시부터 종무식을 시작합니다. 늦지 않게 와 주시기 바랍니다.
다시 한번 알립니다. 오늘 종무식이 있습니다. 1층 강당에서 오후 한 시에 종무식을 합니다. 모두 참석하셔서 저무는 한 해를 잘 마무리하시기 바랍니다. 감사합니다.

정답

1과

듣고 말하기

3. (1) ○ (2) ×

4. (1) 전근 온, 발령을 받은
   (2) 일할, 잘 부탁드립니다
   (3) 일 잘하고, 배울 게, 앞으로

5. (1) ④ (2) ②

6.

이름	투안	유미
근무팀	총무팀	영업팀
어떤 사람이 많습니까?	일을 열심히 하는 사람	밥을 많이 먹는 사람

읽고 말하기

1. (1) ② (2) ②

2. 생략

읽고 쓰기

1. (1) 총무팀에서 일하는 사람
   (2) 한국 노래를 좋아합니다.
   (3) 친절하고 잘 웃습니다. 일을 아주 잘합니다.
   (4) 생략

2. 생략

2과

듣고 말하기

3. (1) ○　　　　(2) ×

4. (1) 인수인계
   (2) 이메일로 보냈어요, 바로, 살펴보고
   (3) 익혀야 돼요, 최대한, 파악하겠습니다

5. (1) ②　　　　(2) ①

6. (1) ②　　　　(2) ②

읽고 쓰기

(1) 이수호 대리가 김영수 과장님에게
(2) ④

3과

듣고 말하기

3. (1) ○　　　　(2) ○

4. (1) 문제가 있을 때는, 생겼어요
   (2) 접속이 안 돼요, 재부팅해 보세요
   (3) 그렇게 해 보겠습니다, 연락해 보세요

5. (1) ③　　　　(2) ②

6.

	정 대리
처음 발령 받았을 때	긴장해서 손에 땀이 나다
근무 첫 날	하루에 일곱 번이나 화장실에 가다

읽고 말하기

1. (1) ① (2) ①

2. 생략

읽고 쓰기

1. (1) 신입 사원 환영회
   (2) 3월 10일 금요일 17시 30분(오후 5시 30분)
   (3) 3월 9일까지 흐엉 총무에게 연락한다.

2. 생략

4과

듣고 말하기

3. (1) × (2) ○

4. (1) 다 했어요, 보내도 될까요, 작성하고 검토도
   (2) 결재도 받았어요, 보내야 돼요
   (3) 처리하면 안 돼요, 결재 서류를 올리세요, 알려 줘서

5. (1) ② (2) ①

6. (1) ② (2) ④

읽고 말하기

(1) 1. 옷을 깨끗하게 입는다. / 사원증을 항상 가지고 다녀야 한다. / 일할 때휴대 전화를 사용하면 안 된다. / 동료에게 반말을 하면 안 된다.

(2) 상사에게는 반말을 하면 안 됩니다. 친한 동료에게는 퇴근 후에 편하게 말해도 됩니다.

(3) (생략)

읽고 쓰기

(1)

물건	프린터	디지털카메라
개수	1	2
구매 가격	6천동	8천동

(2) 행사용

5과

듣고 말하기

3. (1) × (2) ○

4. (1) 사내 잡지에, 만났는데
   (2) 나왔어요, 인터뷰를 하고 싶어 하는데
   (3) 잘할 수 있을까요, 만나서 이야기 해 보세요

5. (1) ① (2) ①

6.

	정 대리		OO	
투안	영업팀에 있는데		그래요?	
	우리팀에서		한번	

읽고 말하기

1. (1) ② (2) ①

2. 생략

읽고 쓰기

1. (1) 노후 기계
   (2) 다나 지역 정기적인 봉사 활동을 위해
   (3) 호찌민 지사장
   (4) 워크숍 및 체육대회 개최, 생산 1팀 우승

2. 생략

6과

듣고 말하기

3. (1) ○ (2) ×

4. (1) 혹시, 작성하고 있어요
   (2) 급한 일이면
   (3) 보면서, 금방 할 수 있어요

5. (1) ② (2) ①

6.

여자는 뭘 하고 있어요?	거래처 목록을 확인하면서 신제품 홍보물을 이메일로 보내고 있어요.
무슨 문제가 있어요?	거래처의 이메일이 잘못된 곳이 많아요.
어떻게 해야 해요?	작년 거래처 목록을 보지 않고 올해 거래처 목록을 봐야 해요.

읽고 말하기

1. (1) ① (2) ②

읽고 쓰기

1. (1) 목표가 1,600개였는데 실적도 1,600개였습니다. 달성률은 100%지만 판매량은 전월대비 96%로 4% 감소했습니다.
   (2) 홍보물을 다시 제작하여 번역하고, 신규 거래처에 직접 방문하면서 열심히 판촉 활동을 하고 있습니다. 특히, 이번 달에 유튜브(YouTube) 홍보를 시작했습니다.
   (3) 다음 달의 목표는 1,600개입니다. 다음 달에는 계속 하고 있는 SNS홍보에 주력하면서 신규 거래처와 계약을 늘릴 것입니다.

7과

듣고 말하기

3. (1) ○ (2) ×

4. (1) 서명 좀 부탁드립니다, 보안 위반 사유서
   (2) 끄지 않고, 엄격하게 관리하니까
   (3) 퇴근하려고 할 때, 벌점이 쌓이면, 받을 수 없으니까

5. (1) ① (2) ①

6. (1) × (2) × (3) ○ (4) ○

읽고 말하기

1. (1) ④ (2) ②

읽고 쓰기

1. (1) 베한전자 대리입니다.
   (2) 결근을 해서 사유서를 썼습니다.
   (3) 1월 20일부터 1월 21일까지 2일 동안 회사에 못 왔습니다.
   (4) 배가 너무 아파서 병원에 입원했습니다.

8과

듣고 말하기

3. (1) × (2) ×

4. (1) 장기 자랑 대회, 저도 봤어요
   (2) 나가 볼래요, 못 불러요
   (3) 춤을 출게요, 생각해 볼게요

5. (1) ④ (2) ①

6.

야유회 날짜	5월 14일 토요일
장소	밴프(Banff) 국립공원
출발 시간/장소	아침 8시 / 회사 정문
개인 준비물	간식, 모자

읽고 말하기

1. (1) ②
   (2) 이메일로 신청서를 보내야 한다.

읽고 쓰기

1. (1) 12월 27일 금요일 6시에 '코리안 바비큐'에서 열립니다.
   (2) 모여서 같이 식사도 하고 이야기도 나누고 선물 추첨도 합니다.
   (3) 아니요. 추첨을 해서 선물을 줍니다.

9과

듣고 말하기

3. (1) ×　　(2) ○

4. (1) 파란색이 어때요, 낫지 않을까요, 결정하는게 좋겠어요
   (2) 그렇게 해요, 결과도 좋을 거예요
   (3) 하긴, 최선을 다했잖아요, 마지막까지 힘내요

5. (1) ②　　(2) ③

6. (1) ③　　(2) ②

읽고 말하기

1. (1) ④
   (2) 생략
   (3) 생략

읽고 쓰기

1. (1) 온라인 쇼핑, 물건이 많고 상품평을 확인할 수 있습니다.
   (2) 오프라인, 직접 신어 봐야 해요. / 구두는 발이 편해야 해요.

10과

듣고 말하기

3. (1) ○　　(2) ×

4. (1) 잘 안 되네요, 그런 것 같아요
   (2) 억수같이 내리네요, 시원해질 것 같아요
   (3) 가지고 왔어요, 빌려 줄게요

5. (1) ②　　(2) ③

6.

	날씨
다낭	오전에 비가 내리고 저녁에 그치겠습니다.
호찌민	오늘 덥겠습니다. 낮 기온이 32도까지 올라가겠습니다.
하노이	낮 최고 기온 19도로 어제와 비슷하겠습니다.

읽고 말하기

1. (1) ①　　(2) ③

읽고 쓰기

1. (1) 하노이 2월의 날씨와 옷차림
   (2) 평균 최저기온은 15℃, 평균 최고기온은 20℃로 한국의 봄가을 날씨와 비슷합니다.
   (3) 한 달에 열흘 이상 비가 내리지만 강수량은 적습니다.
   (4) 낮 기온이 한국의 봄가을철과 비슷하고 일교차가 크지 않아서 여행하기에 좋습니다.

11과

듣고 말하기

3. (1) ○ (2) ×

4. (1) 세웠어요, 연휴에, 가기로 했어요, 남쪽으로, 아름다워요, 유명해요
   (2) 사진에서, 일정이 맞지 않아서, 쉴까 해요
   (3) 멀지요, 짧아서, 그러게요, 즐겁게 보내고

5. (1) ④ (2) ④

6. (1) ① (2) ④

읽고 말하기

1. (1) ○ (2) ○ (3) × (4) ○
   (5) × (6) ×

읽고 쓰기

1. (1)

도시의 장점	도시의 단점
재미있는 것이 많다, 필요한 것을 쉽게 구할 수 있다, 교통이 편리하다	시끄럽다, 교통이 복잡하다, 차가 밀리다, 공기가 안 좋다,

   (2) 시골에서 살고 싶어요. 회사가 시골로 이사를 가면 좋겠어요.

12과

듣고 말하기

3. (1) ○　　　(2) ×

4. (1) 좋아 보여요, 여행 생각을 하고 있었어요
   (2) 표를 샀어요, 예매하고, 예약했어요
   (3) 싸지 않아요, 찾아보니까, 복잡했어요, 궁금한 것, 바로, 별로

5. (1) ④　　　(2) ③

6. (1) ②
   (2) 한국어를 실수할 것 같아서 / 긴장하면 한국말을 잊어버릴 것 같아서

읽고 말하기

(1) ①

읽고 쓰기

1. (1) ○　　　(2) ×　　　(3) ○　　　(4) ×

13과

듣고 말하기

3. (1) ○ (2) ○

4. (1) 불편하세요, 콧물도 나요
   (2) 목이 부었네요, 숨 쉬기가 불편해요
   (3) 심하게 걸렸네요, 푹 쉬세요, 식후에

5. (1) ③ (2) ①

6. ③

읽고 말하기

1. (1) × (2) ○ (3) ○ (4) ○

읽고 쓰기

1. (1) (③ → ① → ② → ④) (2) ①

14과

듣고 말하기

3. (1) × (2) ○

4. (1) 안 좋아 보여요, 양호실에, 효과가 별로
   (2) 일찍, 조퇴해도
   (3) 작성해서, 허락해 주실, 그렇게

5. (1) ④ (2) ④
6. ①

읽고 말하기

1. (1) ① (2) ① × ② ○

읽고 쓰기

1. (1) ③ (2) ④

15과

듣고 말하기

3. (1) × (2) ○

4. (1) 다녀왔어요, 무척 아름답더라고요
   (2) 좋았겠네요, 서핑해 봤어요
   (3) 한번 해 보고 싶어요, 파도 타러 가요

5. (1) ① (2) ①

6.

투안의 한국 여행 경험	
먹어 본 음식	삼겹살, 불고기
못 먹어 본 음식	갈비
가 본 곳	덕수궁, 덕수궁 옆 미술관

읽고 말하기

1. (1) ① ○ ② × ③ ×
   (2) 가족들과 같이 김치를 만들어 보려고 합니다.
   (3) 사람들이 같이 김치를 만들고 나누는 것

읽고 쓰기

1. (1) 프랑스 파리를 여행했습니다.
   (2) 유람선을 타고 야경을 봤습니다. 또, '루브르' 박물관과 '오르세' 미술관에 가 봤습니다.
   (3) 달팽이 요리와 여러 가지 치즈도 먹어 보고 프랑스 와인도 마셔 봤습니다.

16과

듣고 말하기

3. (1) ○　　(2) ×

4. (1) 아직, 퇴근 안 했어요, 내야 해요, 어떻게, 쓰는지
   (2) 어디 봐요, 방문했는지, 순서대로
   (3) 전부, 방문한, 청구할, 출장비, 덕분에

5. (1) ①　　(2) ③

6. (1) ④　　(2) 남자가 메모한 것을 여자에게 보여줄 것입니다.

읽고 말하기

1. (1) 제안서를 잘 쓰는 방법
   (2) 제안서를 읽는 사람이 쉽게 이해할 수 있게 문서를 만듭니다.

읽고 쓰기

1. (1) ○　　(2) ×　　(3) ×
   (4) ×　　(5) ○

17과

듣고 말하기

3. (1) × (2) ×

4. (1) 안전 장갑은 어디에 있어요, 탈의실
   (2) 껴야 하잖아요, 주의하겠습니다
   (3) 위험한 일이 생길 수 있기 때문에, 다녀오겠습니다

5. (1) ① (2) ③

6.

사무실 안전사고	
투안	서류 상자에 걸려서 넘어졌어요.
유미	칼에 베였어요.

읽고 말하기

1. (1) ① × ② × ③ ○
   (2) 어제 친구와 게임을 하면서 밤을 새웠기 때문에 피곤했습니다.

읽고 쓰기

1. (1) 미끄러질 수 있기 때문에 안전화를 신어야 합니다.
   (2) 떨어질 수 있기 때문에 안전벨트를 꼭 착용합니다.
   (3) 넘어질 수 있기 때문에 뛰면 안 됩니다.

18과

듣고 말하기

3. (1) × (2) ○

4. (1) 처음 해 봤지요, 비상벨이 울려서
   (2) 잘 대피할 수 있도록, 미리 조심해야겠어요
   (3) 짐이 있더라고요, 바로 치워야겠어요

5. (1) ④ (2) ②

6.

프엉의 한국어 시험 준비	
프엉의 걱정	한국어 시험 점수가 승진 점수에 들어가는데 듣기가 너무 어려워요.
김 대리의 조언	한국 드라마를 많이 보세요.
프엉의 계획	오늘부터 한국 드라마를 열심히 봐야겠어요.

읽고 말하기

1. (1) ① ○ ② ○ ③ ×
   (2) 물에 적신 수건 등으로 몸과 얼굴을 감쌉니다.

읽고 쓰기

1. (1) 퇴근할 때 모든 플러그를 뽑았는지, 난로 등의 불이 완전히 꺼졌는지 확인합니다.
   (2) 기계를 청소하지 않으면 이물질 때문에 화재가 날 수 있습니다.
   (3) 창고에 물건을 보관할 때는 가스나 성냥, 라이터 등, 불을 낼 수 있는 물건들을 따로 보관합니다.

19과

듣고 말하기

3. (1) × (2) ×

4. (1) 여보세요, 계십니까
   (2) 계십니다, 부재중이신데요, 실례지만, 통화를 하고
   (3) 마칠 것 같습니다, 말씀드리겠습니다, 그렇게 해 주시면 감사하겠습니다

5. (1) ② (2) ①

6. (1) ②
   (2) 짱: 조 대리의 휴대 전화로 전화를 걸 거예요.
   로안: 조 대리에게 문자 메시지를 보낼 거예요.

읽고 말하기

(1) (가) ② (나) ①

읽고 쓰기

1. ① × ② ×

2. 상대가 자기가 말하는 한국어를 이해하지 못하는 것 같아서

20과

듣고 말하기

3. (1) ×　　　(2) ○

4. (1) 안녕하십니까, 여보세요, 라고 합니다
   (2) 바꿔 주시겠어요, 남겨 드릴까요
   (3) 요청한, 보냈다고, 부탁한다고, 그렇게

5. (1) ②　　　(2) ①

6. (1) ③　　　(2) 확인한 후에 남자에게 ㅔ다시 전화를 할 거예요

읽고 말하기

1. (1) 아내가 남편에게
   (2) ②

읽고 쓰기

1. (1) 투안이 정세아 대리에게
   (2) ①

21과

듣고 말하기

3. (1) × (2) ×

4. (1) 전화가 왔어요, 누가 전화했나요
   (2) 확인해 달라고 하셨어요, 다른 일은 없었어요
   (3) 보고서를 제출하라고 하셨어요, 알려 줘서 고마워요

5. (1) ④ (2) ③

6.

업무 전화 메모	
전화 한 사람	하롱베이 투어 김지선 과장
정세아 대리에게 전달할 말	• 이메일로 견적서를 보내셨는데 검토하고 연락해 달라고 했습니다. • 출장 일정이 확정되었는지 한번 더 확인해 달라고 했습니다.

읽고 말하기

1. (1) ① × ② ○ ③ ×
   (2) 전화를 걸 때 업무 시작 전이나 퇴근 시간 후, 점심시간은 피해서 전화를 거는 것이 좋습니다.

읽고 쓰기

(1) 전화벨이 3번 울리기 전에 받는 것이 좋다고 배웠습니다.
(2) 이 사람의 자리에서 다른 사람의 전화를 연결하는 방법을 몰랐습니다.
(3) 한국에서 온 전화에 당황하고 떨려서 연결을 잘 못하고 전화를 끊어 버린 실수 때문에

22과

듣고 말하기

3. (1) ○ (2) ×

4. (1) 몇 살이냐고 물어보더라고요, 중요하게 생각해요
   (2) 한국어에 높임말이 있어서, 밥 한번 먹자고 했는데
   (3) 한국에서는 인사로, 꼭 먹어야 하는 건 아니니까

5. (1) ③ (2) ④

6.

베트남 식당에 가서 당황한 일	
유미가 당황한 이유	서비스라고 생각한 음식을 계산해서
한국 식당과 베트남 식당의 차이	한국에서는 주문하지 않은 음식은 서비스라고 생각함. 베트남에서는 주문하지 않은 음식이라도 먹으면 계산해야 함.

읽고 말하기

1. (1) ① × ② ○ ③ ○
   (2) 식사를 할 때 술을 같이 먹고, 술을 함께 마시면서 이야기를 나누고 친해지는 것

읽고 쓰기

1. (1) 베트남 회사에서 2년 일한 경력이 있습니다.
   (2) 점심 식사 후에 낮잠을 자는 것입니다.
   (3) 배울 점도 많다고 생각하지만 한국 사람들도 일을 너무 많이 하지 말고 가족들과 많은 시간을 보내는 것이 좋다고 생각합니다.

23과

듣고 말하기

3. (1) × (2) ×

4. (1) 누가 썼어요, 무슨 문제라도
   (2) 왜 이렇게 늦었지요, 내라고 했는데, 오늘인 줄 알았습니다
   (3) 오타가 있으면, 이런 적이 없었는데, 결재 올리겠습니다

5. (1) ④ (2) ④

6. (1) 회사에서 실수한 적 있어요
   (2) 그 때 생각하면 가슴이 철렁해요
   (3) 점심 먹자고 문자 메시지를 보냈는데요
   (4) 부장님한테 왔어요
   (5) 보낸 줄 알았는데요
   (6) 잘못 보낸 거 있지요
   (7) 답장이 뭐라고 왔어요
   (8) 열심히 하라고 하시더라고요

읽고 말하기

1. (1) × (2) × (3) ○ (4) ○

읽고 쓰기

1. (1) 물품의 납품 기일을 맞추지 못했습니다.
   (2) 거래처와의 소통 과정에 착오가 있었습니다.
   (3) 담당자로서 이번 일에 대해 책임을 져야 하는 것을 통감하며 이번 사건에 대해 깊이 반성하고 있습니다.

(4) 다시는 같은 실수를 반복하지 않도록 맡은 업무에 최선을 다하여 집중할 것입니다.

24과

듣고 말하기

3. (1) ○ (2) ○

4. (1) 사내 방송은 행복을 싣고, 손님을 모셨는데요
   (2) 하고 싶은 말이 있다고, 연말인데요, 감사합니다, 사랑합니다
   (3) 사랑을 받으려면, 출연을 원하시는, 신청해 주시기 바랍니다

5. (1) ③ (2) ④

6. (1) 영업팀 이유미 직원이 보내준 사연입니다.
   (2) 투안 씨가 방송에 출연을 했는데요.
   (3) 사랑을 받으려면 먼저 표현하라고 해서 용기를 내었습니다.
   (4) 벌써 2년이 다 되어 가는데요.
   (5) 하루도 빠짐없이 전화하셔서 제 안부를 묻는 부모님이 계십니다.
   (6) 감사하다고 사랑한다고 말을 전하고 싶습니다.
   (7) 언제나 지금처럼 건강하시기 바란다고 전하고 싶습니다.

읽고 말하기

1. (1) × (2) ○ (3) ○ (4) ×

읽고 쓰기

1. (1) 사내 방송 출연을 신청하려고 이메일을 썼습니다.
   (2) 아침에 늦잠을 잤습니다. 지각하지 않으려고 아침도 안 먹고 회사에 달려 갔습니다.
   (3) 입이 텁텁해서 껌을 달라고 했습니다.
   (4) 개인 메시지가 아니라 회사 팀 전체 메시지로 껌을 달라고 보냈습니다.

25과

듣고 말하기

3. (1) ○　　(2) ×

4. (1) 저물고, 한 해 동안, 수고하셨습니다
   (2) 빠르네요, 엊그제 같은데
   (3) 그러네요, 지나고 나니까, 겪고 나면, 잘해 봅시다

5. (1) ②　　(2) ③

6. ②

읽고 말하기

1. (1) ④　　(2) ① ×　　② ○

읽고 쓰기

1. (1) ②
   (2) ① ○　　② ×

베트남인을 위한

비즈니스 한국어 초급활용

집필진

김재욱 한국외국어대학교 KFL대학원장

진정란 사이버한국외국어대학교 한국어학부 교수

안정민 한국외국어대학교 KFL대학원 교수

정회란 한국외국어대학교 교양대학 전임강사

베트남어 번역 및 감수

응우옌 응옥 꿰 한국외국어대학교 외국어연수평가원 주임강사

베트남인을 위한

비즈니스 한국어 초급활용

초판 인쇄 2019년 7월 25일
초판 발행 2019년 8월 1일

지은이 김재욱 · 진정란 · 안정민 · 정회란
베트남어 번역 및 감수 응우옌 응옥 꿰
발행인 김인철
총괄 · 기획 가정준 Director, University Knowledge Press
편집장 신선호 Executive Knowledge Contents Creator
도서편집 박현정 Contents Creator
정준희 Contents Creator
장혜린 Contents Creator
전자책편집 인은주 e-Contents Creator
재무관리 강현주 Managing Creator
마케팅 이현진 Marketing Creator
삽화 손도영
발행처 한국외국어대학교 지식출판콘텐츠원
02450 서울특별시 동대문구 이문로 107
전화 02)2173-2493~7
팩스 02)2173-3363
홈페이지 http://press.hufs.ac.kr
전자우편 press@hufs.ac.kr
출판등록 제6-6호(1969. 4. 30)
디자인 · 편집 (주)이환디앤비 02)2254-4301
인쇄 · 제본 (주)케이프린텍 053)313-3673

ISBN 979-11-5901-459-8 14710 정가 20,000원
ISBN 979-11-5901-447-5 (세트)

HUINE은 한국외국어대학교 지식출판콘텐츠원의 어학도서, 사회과학도서, 지역학 도서 Sub Brand이다. 한국외대의 영문명인 HUFS, 현명한 국제전문가 양성(International+Intelligent)의 의미를 담고 있으며, 휴인(携引)의 뜻인 '이끌다, 끌고 나가다'라는 의미처럼 출판계를 이끄는 리더로서, 혁신의 이미지를 담고 있다.

이 책의 음원(mp3)은 한국외국어대학교 지식출판콘텐츠원 홈페이지 (press.hufs.ac.kr) - 게시판 - 자료실에서 다운받아 사용하시기 바랍니다.